DAGMAR VON CRAMM

Geliebte Familienküche

FOTOGRAFIE: COCO LANG

» Meine besten Rezepte für die Familie «

Inhalt

Vorwort **6**

———

Wenn alles beginnt **9**

Familie werden **31**

Essen lernen **53**

Familien(mahl)zeiten **75**

Alles veggie oder was? **99**

Brot backen **127**

Gesund und munter **147**

Familienfeste **163**

———

Register von A–Z **186**

Impressum **192**

Vorwort

Kochen und Schreiben – ich liebe schon immer beides. Aber am allermeisten liebe ich meine Familie. Was für ein Glück, wenn sich diese Passionen gegenseitig beflügeln und ergänzen. Alles – na ja – fast alles, was ich beruflich in die Hände nahm, tat auch unserer Familie gut. Nicht nur in den Büchern, sondern buchstäblich auf dem Teller – auch wenn sie das nicht immer zu schätzen wusste. Meckern gehört halt dazu. Und führte sogar zu meiner ersten Mitarbeiterin ... Auslöser waren Kartoffeln, die mein bester aller Ehemänner Dank kindlicher Traumata vehement ablehnt. Was zu einem Tränenausbruch meinerseits führte – und im Anruf beim Arbeitsamt gipfelte. Aber das ist eine andere Geschichte.

Mein erstes Kochbuch

Mein erstes »richtiges« Kochbuch schrieb ich für GRÄFE UND UNZER, als Nici, unser Zweitgeborener, auf die Welt kam. Es war natürlich ein Babykochbuch. Mindestens 260 Seiten wollte ich schreiben – einfach alles, was richtig und in meinen Augen wichtig war. Der Verlag gab mir nur 64 Seiten – und das war gut so. Denn wer hat in den ersten Monaten mit Baby schon viel Zeit zu lesen? Seither hat sich das Buch stetig gewandelt, ich habe den Inhalt aktualisiert, der Verlag sorgt bis heute für das Drumherum, vor allem die tolle Optik. Denn die ändert sich schneller als die Inhalte. Es war der Beginn einer wunderbaren Zusammenarbeit mit unglaublich vielen schönen Kochbüchern.

Anfangs schrieb ich sie irgendwie für mich selbst – sie entsprachen meiner jeweiligen Lebensphase. Nach dem Babykochbuch kam die Küche für Kleinkinder, für Schulkinder und für die ganze Familie. Und obendrein Kochen für Gäste und Feste – weil uns das immer schon wichtig war. Und nun? Nur noch Best Aging?

Im Gegenteil. Drei Enkel sind da – und die Bedeutung von Ernährung und Kochen für eine gesunde und glückliche Familie ist heute vielen jungen Eltern bewusster als damals. Vielleicht, weil es keine Selbstverständlichkeit mehr ist. Weil man auch gut durchs Leben kommt, ohne selbst zu kochen. Und die Kinder in Kita und Schule essen. Aber da bleibt einiges auf der Strecke. Die Frische, der Duft, die Gemeinsamkeit.

Was kann ich tun, um eine Familie zusammenzuhalten? Wie sorge ich dafür, dass alle gesund und munter sind? Wie schaffe ich unvergessliche Momente, die alle miteinander verbinden? All das kann die Familienküche. Sie schafft nicht nur Wohlbefinden, sondern auch Geborgenheit und Erinnerung. Sie legt den Grundstein für das Essverhalten der nächsten Generation.

Hier kommt also meine ganz persönliche Bestenliste der Lieblings-Familienrezepte von Anfang an. Es lebe die Familie – und die Küche, die dazu gehört!

Dagmar von Cramm

Wenn alles beginnt

Alles auf Anfang

Wann beginnt das Familienleben? Und ab welchem Moment spielt das gemeinsame Essen, die gesunde Ernährung, das Selberkochen eine Rolle? Heute meine ich: mit der ersten Schwangerschaft. Dann wird gesund essen und trinken ein Thema. Es gibt so viele neue Erkenntnisse über den Einfluss der mütterlichen – und übrigens auch der väterlichen – Ernährung auf das ungeborene Kind, dass man von den »ersten 1 000 Tagen« spricht, die das Kind schon vom Moment des Entstehens an prägen.

Tragt die Schwangeren auf Händen!

Eigentlich wussten die Menschen das instinktiv schon immer: Schwangere genießen in allen Kulturen einen besonderen Schutz. Und das ist gut so. Ich habe das immer sehr genossen – die Rücksichtnahme, sobald ich sichtbar schwanger war. Egal ob in der Tram oder auf dem Familienfest: Ich wurde auf Händen getragen. Und denke, das ist bei Schwangeren heute immer noch so.

Fasziniert hat mich, dass bereits der Embryo etwa 200 ml Fruchtwasser am Tag trinkt. Und da schon Vorlieben entwickelt: Isst die

Mutter viel Kreuzkümmel, Vanille, Zimt oder Anis, bevorzugt das Kind später genau diese Aromen! Wie genau das funktioniert, weiß man noch nicht. Aber seither finde ich eine bunte, abwechslungsreiche Kost schon in der Schwangerschaft wichtiger denn je.

Immer noch hält sich der Mythos, dass Schwangere einen natürlichen Heißhunger auf Dinge haben, die der Körper gerade braucht. Aber da diese Gelüste oft in Schokolade, Chips und Kuchen bestehen, halte ich das für ein Vorwand, um ungehemmt zu naschen. Es macht ja auch Spaß: Kein warnender Hosenbund, stattdessen elastische Klamotten, die mitwachsen. Der Körper ändert sich so schnell, dass man gar nicht mitkommt. Ich bin in den letzten Monaten oft gegen Türklinken gerannt, weil ich meinen Umfang nicht mehr richtig einschätzen konnte.

Aber bei meiner ersten Schwangerschaft hatte ich zusätzlich noch ganz andere Sorgen: Mein Vater war gerade gestorben, bei meiner Mutter kam der Krebs zurück. Diplomprüfung und -arbeit machten mir zusätzlich das Herz schwer. Und sicher auch unserem ungeborenen Sohn. Das alles lässt sich nicht vermeiden. Hier braucht eine Schwangere ganz viel Liebe und Unterstützung!

Zum Glück hatte ich einen liebevollen Mann, der noch studierte und deshalb Zeit für mich und unser Baby hatte. Familie und Freunde machten uns vieles leichter. Wir besuchten gemeinsam den Baby-Vorbereitungskurs und die Schwangerschaftsgymnastik für Paare. Das gab es damals schon in München! Schrieben brav mit – und redeten darüber, wie wir den Alltag mit dem Baby organisieren wollten. Das war toll – wenn auch manches danach ganz anders kam.

Wir schauten später immer mal in unsere Mitschriften – das gab uns Sicherheit. Damals vermisste ich zum ersten Mal ein Buch zur Babyernährung. Ich hatte Baby-feeding-Bücher als Stewardess in New

> **» Die neun Monate zu nutzen, um miteinander Ideen und Pläne auszutauschen, hilft sehr. Ist das Baby erst einmal da, bleibt dafür oft weder Zeit noch Kraft. «**

York in den Buchhandlungen gesehen. Aber bei uns gab es so etwas noch nicht. Immerhin konnte ich mit meinem Volontariat als Food-Journalistin starten, als unser Erstgeborener vier Monate alt war. Danach erlebte ich eine Bauchhöhlenschwangerschaft, die mit einer Not-OP endete, Fehlgeburten und dachte zeitweise, ich würde eben nur ein Kind haben können. Viele Freundinnen, Tanten und Bekannte erzählten mir damals von ihren eigenen Fehlgeburten. Ich hätte nie gedacht, dass sie so häufig sind – weil sie totgeschwiegen werden. Heute würde ich sagen, dass die meisten Frauen eine erleben. Wir haben eben nicht alles in der Hand. Zum Glück folgten darauf zwei glückliche Schwangerschaften.

» Schaut genau hin, was eine schwangere Frau braucht. Umgebt sie mit Liebe und Rücksicht und macht ihr das Leben so leicht wie möglich. «

Dass jede Schwangerschaft anders ist, versteht sich von selbst: Meine Schwiegertochter hatte jedes Mal diese unstillbare Übelkeit in den ersten Monaten, die sie völlig aus der Bahn warf. Selbst Hühnersuppe ging nur löffelweise. Mir selber dagegen ging es immer bombig.

Ich finde es wichtig, schwangere Frauen dabei zu unterstützen sich zu bewegen und nicht zu viel zuzunehmen. Beides war in den Zeiten meiner Schwangerschaften noch nicht so im Fokus. »Kind, schon dich« galt noch immer – »für zwei essen« nicht mehr so ganz. Ich hatte jedenfalls immer Bammel vor der Waage beim Gynäkologen. Und machte vor den Vorsorgeuntersuchungen immer einen Reistag zur Entwässerung – nicht gerade empfehlenswert. 15 kg nahm ich immer zu – und im Jahr danach verlor ich sie wieder. Gemäß der alten Hebammenweisheit: Neun Monate kommt der Bauch, neun Monate geht er wieder.

Nicht mehr, sondern besser essen, ist heute mein Rat an schwangere Frauen, denn das Wachsen des Kindes braucht mehr Nährstoffe als Kalorien! Es ist also gut, sich schon während der Schwangerschaft möglichst frisch und abwechslungsreich zu ernähren. Außerdem ist

Mit 19 wurde ich Stewardess bei der Lufthansa -
gemeinsam mit meinem späteren Mann.

es eine gute Übung für die Familienzeiten später. So lange das Baby
noch nicht geboren ist, ist definitiv Zeit, sich mit einer gesunden
Küche auseinanderzusetzen. Erst recht in den Wochen des Mutter-
schutzes. Das gilt übrigens auch für den werdenden Vater: Gemeinsamkeit macht stark – und Spaß!

TIPP
Du kannst die Haferflocken als Porridge aufkochen. Übrige Zutaten untermischen.

Mein Mega-Müsli

Mit dem richtigen Müsli sammelst du Pluspunkte für den ganzen Tag.
Die Haferflocken am besten am Vorabend einweichen, das macht sie leichter
verdaulich. Für Süße und Crunch empfehle ich Erythrit, weil es kalorienfrei
süßt, ohne Karies zu verursachen.

———

Zubereitungszeit: 10 Min. | Einweichzeit: 12 Std. | Pro Portion ca. 115 kcal, 4 g E, 7 g F, 9 g KH

Für 1 Person

Zum Einweichen:
25 g Haferflocken
Zimtpulver

**Für den Crunch
(10 Portionen):**
50 g Walnusskerne
50 g Sesam
80 g Pop-Amarant
40 g Erythrit

Zum Anrichten:
100 g Beeren
  (frisch oder TK)
100 g Joghurt

1 Zum Einweichen die Haferflocken mit 50 ml Wasser und 1 Prise Zimt vermischen, abdecken und über Nacht stehen lassen.

2 Für den Crunch die Walnüsse hacken und mit Sesam und Pop-Amarant mischen. Den Mix in einer Pfanne ohne Fett anrösten, bis er duftet. Mit Erythrit bestreuen und karamellisieren. Auf einem Backblech abkühlen lassen und zum Aufbewahren in ein Schraubglas füllen.

3 Zum Anrichten die Beeren vorsichtig waschen oder auftauen. Die eingeweichten Haferflocken mit dem Joghurt mischen und mit den Beeren und einem Zehntel der Crunch-Mischung toppen.

Lachscreme

Zubereitungszeit: 30 Min. | Pro Portion ca. 140 kcal, 7 g E, 10 g F, 3 g KH

Für 4 Personen
2 kleine Kartoffeln (100 g)
150 g Lachsfilet
Salz
Pfeffer
1 EL Zitronensaft
2 TL geriebener
   Meerrettich (Glas)
2 EL Rapsöl

1 Die Kartoffeln waschen, schälen und in 1–2 cm große Stücke schneiden. In einen Topf mit Dämpfeinsatz legen, zwei Fingerbreit Wasser einfüllen und die Kartoffeln in 15 Min. knapp weich garen.

2 Den Lachs ebenfalls klein schneiden, mit Salz, Pfeffer und Zitronensaft würzen und zu den Kartoffeln geben. Weitere 5 Min. dämpfen.

3 Die Kartoffel-Lachs-Mischung mit Meerrettich und Öl cremig pürieren. Mit Salz und Pfeffer abschmecken und im Kühlschrank lagern. Bleibt etwa 4 Tage frisch.

Sesam-Streich

Zubereitungszeit: 20 Min. | Pro Portion ca. 140 kcal, 3 g E, 11 g F, 5 g KH

Für 6 Personen
1 kleine Zwiebel
1 Möhre (100 g)
2 EL Rapsöl
Salz
1 TL Currypulver
50 g Cashewkerne
50 g Tahin (Sesampaste)
1–2 EL Orangensaft

1 Die Zwiebel schälen, halbieren und in dünne Streifen schneiden. Die Möhre waschen und grob raspeln. Das Öl in einer Pfanne erhitzen und beides darin anbraten. Mit Salz würzen und zugedeckt in ca. 8 Min. weich dünsten. Wenn nötig, etwas Wasser dazugeben.

2 Currypulver, Cashewkerne, Tahin und Orangensaft dazugeben und mit dem Pürierstab alles sehr fein pürieren. In ein sauberes Schraubglas füllen. Bleibt im Kühlschrank etwa 1 Woche frisch.

INFO
Gegartes Gemüse
ist ebenso wichtig
wie Rohkost, oft
besser verträglich
und länger halt-
bar.

Superbowl

Graupen sind mild und reich an Beta-Glucanen, die wie Präbiotika sanft anregend auf den Darm wirken. Sauerkraut entwickelt durch das Fermentieren Vitamin C und gesunde Säure, Grünkohl ist spitze in puncto Eisen, Zink und antioxidative Substanzen.

———

Zubereitungszeit: 30 Min. | Pro Portion ca. 350 kcal, 14 g E, 13 g F, 41 g KH

Für 4 Personen
400 ml Gemüsebrühe
200 g Gerstengraupen
   (z. B. Gerstoni)
1 kleine Zwiebel
2 EL Rapsöl
200 g TK-Grünkohl
200 g Sauerkraut
1 TL gemahlene Kurkuma
1 Bio-Orange
Salz
Pfeffer
150 g Feta (Schafskäse)

1 Die Gemüsebrühe in einem Topf zum Kochen bringen und die Gerstengraupen dazugeben. Die Graupen bei schwacher Hitze in ca. 20 Min. bissfest garen.

2 Inzwischen die Zwiebel schälen und fein würfeln. Das Öl in einer großen Pfanne erhitzen und die Zwiebeln darin anbraten. Den Grünkohl dazugeben, Deckel auflegen und sanft köcheln lassen.

3 Das Sauerkraut klein schneiden und in einem Topf erhitzen. Kurkuma unterrühren. Die Orange heiß abwaschen, abtrocknen und die Schale abreiben. Abrieb beiseitestellen. Die Orange, schälen, vierteln und quer in dünne Fächer schneiden. Samt Saft unter das Sauerkraut ziehen. Beide Gemüse mit Salz und Pfeffer abschmecken.

4 Graupen, Sauerkraut und Grünkohl getrennt voneinander auf vier Schalen verteilen. Feta in die Mitte bröseln, Orangenabrieb und Pfeffer aufstreuen.

Ich esse jeden Tag Salat, egal wie viel Gemüse es sonst noch gibt.
Das Dressing mixe ich auf Vorrat in konzentrierter Form, die dann mit
etwas Wasser verdünnt wird. Die Basis für meinen Salat ist immer ein Kopf
Blattsalat, den ich mit weiteren Zutaten aufpeppe. Hier ein paar meiner
Lieblingsmixe: rohe, dünn gehobelte Champignons, angebratene Zucchini-
scheiben, Raspelmöhren, Avocadowürfel.

Prep-Dressing-Konzentrat

Zubereitungszeit: 15 Min. | Pro Portion ca. 140 kcal, 2 g E, 14 g F, 1 g KH

Für 12 Portionen

1–2 Handvoll gemischte
Kräuter (Schnittlauch,
Petersilie, Basilikum,
Sauerampfer)
100 g Sojacreme
1 Bio-Zitrone
3 EL Dijonsenf
70 ml Rapsöl
70 ml Olivenöl
1–2 TL Salz
Pfeffer
3 EL Apfelessig

1 Die Kräuter waschen und trocken schütteln. Den Schnittlauch in feine Röllchen schneiden. Die übrigen Kräuter mitsamt Stielen und der Sojacreme im Blitzhacker fein pürieren.

2 Die Zitrone heiß abwaschen und trocken reiben. Die Schale abreiben, den Saft auspressen. Beides mit dem Kräutermix und den übrigen Zutaten in ein Schraubglas füllen. Verschließen und so lange schütteln, bis ein homogenes Dressing entsteht. Das geht schneller, wenn eine Murmel oder Haselnuss in der Schale mitgeschüttelt wird. Sehr kräftig abschmecken.

3 Für einen ganzen Salatkopf (3 Portionen) etwa ein Viertel des Dressings mit etwas Wasser verdünnen und nach Bedarf nachwürzen.

Dass Hühnersuppe tatsächlich bei Erkältungen hilft, ist wissenschaftlich nachgewiesen. Dass sie auch tröstet, seelenstärkend wirkt und Erschöpfung mindert, darüber gibt es keine Studien. Ich kann nur sagen: Sie hilft immer. Übrigens auch dem, der sie kocht! Tun tröstet, wenn man gerade nicht weiterweiß.

Seelensuppe

———

Zubereitungszeit: 1 Std. | Kochzeit: 1 Std. | Pro Portion ca. 460 kcal, 39 g E, 26 g F, 19 g KH

Für 4 Personen

Für die Brühe:
1 Suppenhuhn oder
   Flügel und Unterkeule
   (ca. 800 g)
1 Bund Suppengemüse
1 Stück Ingwer (1 cm lang)
1 Lorbeerblatt
1 TL schwarze Pfefferkörner
Salz

Für die Grießnockerl:
2 EL weiche Butter (30 g)
1 Ei
80 g Hartweizengrieß
Salz
frisch geriebene Muskat-
   nuss
gemahlene Kurkuma

1 Das Fleisch wenn nötig waschen und trocken tupfen. Lauch putzen und gründlich waschen. Möhren waschen, wenn nötig schälen und die Enden abschneiden. Sellerie schälen. Petersilie waschen, trocken schütteln, Blättchen abzupfen und hacken, die Stängel beiseitelegen. Ingwer mit Schale in dünne Scheiben schneiden.

2 Suppengemüse, Petersilienstängel, Ingwer, Lorbeerblatt, Pfefferkörner und Salz mit Hühnchen und gegebenenfalls Hals, Herz und Magen in 1,5 l Wasser kalt aufsetzen und zum Kochen bringen. Etwa 1 Std. sanft köcheln lassen.

3 Brühe absieben und eventuell nachsalzen. Das Suppengemüse klein würfeln. Das zarte Hühnerfleisch von den Knochen lösen, klein schneiden.

4 Für die Grießnockerl die Butter mit dem Ei verrühren und den Grieß untermischen. Mit Salz, Muskatnuss und 1 Prise Kurkuma würzen und 15 Min. quellen lassen. Die Brühe aufkochen. Mit einem großen Teelöffel Nockerl abstechen und in die Brühe gleiten lassen. Zugedeckt in 6–8 Min. gar ziehen lassen. Fleisch und Gemüse zurück in die Suppe geben und erwärmen.

TIPP
Knochen und Knorpel spielen eine wichtige Rolle für Geschmack und Wirkung. Deshalb nicht nur Hühnerbrust verwenden!

VARIANTE
Klappt auch mit frischem Blattspinat! Du brauchst 1 kg.

Lieblingslachs

Lachs ist wegen seiner Omega-3-Fette so wertvoll und Spinat ist reich an Eisen. Das Rezept klappt aber auch mit »weißem« Fischfilet oder mit TK-Lachs – wenn keiner Zeit zum Einkaufen hatte.

——

Zubereitungszeit: 40 Min. | Pro Portion ca. 540 kcal, 32 g E, 27 g F, 40 g KH

Für 4 Personen
500 g TK-Blattspinat
200 g Basmati-Natur-Reis
Salz
Pfeffer
1 Bio-Zitrone
1 Stück Ingwer (2 cm lang)
150 g Schmand (26 % Fett)
500 g Lachsfilet (ersatzweise weißes Fischfilet, z. B. Kabeljau)

1 Den TK-Spinat aus dem Tiefkühlfach nehmen und antauen lassen. Den Reis in einem Topf mit 400 ml Wasser und ½ TL Salz aufkochen und bei kleiner Hitze zugedeckt ausquellen lassen.

2 Den Backofen auf 180° vorheizen. Den Spinat in eine flache Auflaufform geben und im Backofen ganz auftauen lassen. Inzwischen die Zitrone abwaschen, trocken reiben und aus der Mitte 5–6 sehr dünne Scheiben schneiden. Von beiden Enden die Schale abreiben und den Saft auspressen. Den Ingwer schälen und durch die Knoblauchpresse drücken. Ingwer, Zitronenschale und Saft mit dem Schmand verrühren, salzen und pfeffern.

3 Den Spinat aus dem Ofen nehmen, salzen und pfeffern. Das Lachsfilet darauflegen, mit dem Schmandmix bestreichen und mit den Zitronenscheiben belegen. Im Ofen (Mitte) 25–30 Min. garen. Mit dem Reis servieren.

TIPP
Für Perfektionisten: mit einer Scheibe Vollkornbrot noch gesünder.

Currywurst mit Flatbread

Fast Food kann toll schmecken und guttun – wenn statt Fertigsauce Schmorgemüse für Aroma, Vitamine und Bioaktivstoffe sorgt, die die Abwehr stärken. Lässt sich prima vorkochen und einfrieren.

———

Zubereitungszeit: 30 Min. | Pro Portion ca. 535 kcal, 19 g E, 30 g F, 46 g KH

Für 4 Personen
1 große, milde Zwiebel
2 rote Paprika
2 EL Rapsöl
Salz
½ Mango
2–3 EL Tomatenmark
1 TL edelsüßes
    Paprikapulver
Pul Biber
1 EL Aceto balsamico
4 Grillwürstchen
1 TL Currypulver
4 Flatbreads (ersatzweise
    Naan-Brot)

1 Die Zwiebel schälen, halbieren und in dünne Streifen schneiden. Paprika waschen, halbieren, weiße Trennwände und Kerne entfernen und die Hälften in Streifen schneiden. 1 EL Öl erhitzen, Zwiebeln und Paprika darin anbraten, salzen und zugedeckt bei mittlerer Hitze in etwa 8 Min. weich schmoren. Wenn nötig etwas Wasser dazugeben.

2 Inzwischen die Mango schälen. Das Fruchtfleisch vom Stein und in kleine Würfel schneiden. Das Tomatenmark unter das Gemüse rühren und mit Paprikapulver, 1 Prise Pul Biber und Balsamico abschmecken. Die Mangowürfel dazugeben und im Gemüse erwärmen.

3 Die Würstchen in einer Extrapfanne im übrigen Öl rundherum knusprig anbraten. In fingerdicke Scheiben schneiden, auf dem Currygemüse anrichten und mit Currypulver bestäuben. Dazu Flatbread reichen.

TIPP

Dazu passt Apfelmus. Oder du bestreichst die Blini mit Mascarpone.

Schoko-Bananen-Blini

Heißhunger auf Süßes haben viele Schwangere. Solange der vollwertig gestillt wird, kein Problem! Hier sorgen Quark, Mandeln und Eier für Protein, das macht satt und fit. Neue Erkenntnis: die Bananen ruhig mit Schale verwenden. Sie ist reich an Magnesium und Kalium und die Ballaststoffe darin sorgen für eine flotte Verdauung.

——

Zubereitungszeit: 30 Min. | Pro Portion ca. 430 kcal, 18 g E, 25 g F, 33 g KH

Für 4 Personen
1 große, reife Bio-Banane
6 Soft-Datteln
2 EL Kakaopulver
1 TL Zimtpulver
150 g Magerquark
3 Eier
80 g Buchweizenmehl
80 g gemahlene Mandeln
　(mit Haut)
1 TL Backpulver
3 EL Rapsöl
Puderzucker zum Bestäuben (nach Belieben)

1 Die Banane mitsamt Schale waschen, die Enden abschneiden. Die Frucht schälen. Die Schale klein schneiden, das Fruchtfleisch in ½ cm große Würfel schneiden und beiseitestellen. Die Schale mit den Datteln, Kakaopulver, Zimt und Quark im Blitzhacker pürieren. Die Eier trennen und die Eigelbe ebenfalls unterrühren.

2 Die Eiweiße steif schlagen. Mehl mit Mandeln und Backpulver mischen und unter den Teig rühren. Zuletzt den Eischnee und die Bananenstücke unterheben.

3 Das Öl in einer beschichteten Pfanne erhitzen und nach und nach bei mittlerer Hitze aus 2–3 EL Teig kleine Puffer backen. Wenn sie unten fest sind, mit einem Pfannenheber wenden. Nach Belieben mit Puderzucker bestäuben.

Familie werden

Vater, Mutter, Kind

Man kann sich noch so viele Gedanken machen: Die Geburt des ersten Kindes verändert unser Leben dramatisch und endgültig. Manchmal bemerkt man das erst im Nachhinein. Immer aber ist der Beginn die Geburt – so unterschiedlich sie auch sein kann – und ein neuer kleiner Mensch ist da. Das berührt und erschüttert uns ganz tief. Sogar und erst recht als Großeltern. Ich hatte zum Glück relativ leichte Geburten. Auch wenn man damals sehr um eine natürliche Geburt und den selbstbestimmten Umgang mit dem Neugeborenen kämpfen musste. Jedenfalls habe ich der Hebamme – einer indischen Nonne – zu verdanken, dass ich nie einen Dammschnitt hatte: Sie hielt ihren Finger in die Schere der unerfahrenen Assistenzärztin, die zum Schnitt ansetzte – und alles ging gut. Nach der Entbindung war ich hellwach, obwohl es spät nachts war und ich damit gerechnet hatte, erschöpft zu sein. Vielleicht ist das noch ein Relikt der Steinzeit: Auf der Wanderung niederkommen und bei Gefahr sein Kind nehmen und weiterlaufen. Aber so sollte es natürlich nicht sein: Mutter, Vater und Kind sollten die ersten Stunden gemeinsam verbringen können, um sich zu beschnuppern und kennenzulernen, geschützt und behütet und mit aller Zeit der Welt.

Natürlich wäre eine Hausgeburt viel einfacher gewesen und im Nachhinein hätten wir das als Paar – mein Mann ist schließlich Tierarzt – mit einer Hebamme gut hinbekommen. Aber beim ersten Kind war das noch nicht möglich. Und beim zweiten und dritten Kind wollte ich die direkte Anbindung an eine Kinderklinik. Die optimale Versorgung meines Babys war mir da wichtiger als Stimmung und Umfeld. Außerdem fand ich es wirklich toll, mit meinem Baby ein paar Tage rundum versorgt zu werden: Eine Art Flittertage mit dem Neugeborenen, um es zu bestaunen und um es kennenzulernen, bevor der Alltag beginnt.

Die erste Zeit daheim

Fakt ist: In dem Moment, in dem man wieder daheim ist, beginnt eine neue Ära. Es hilft genau für diese ersten Momente unglaublich, wenn der Partner, die Mutter oder Freundin oder alle zusammen das Zuhause richtig gut aufgeräumt und geputzt haben. Damit man einfach ins gemachte Nest kommt. Klar kann und sollte man das selber vorher gut vorbereiten. Aber den letzten Schliff übernehmen die anderen. Dazu gehört auch: frische Lebensmittel einzukaufen, ein Süppchen vorzukochen, die nächsten Mahlzeiten geplant zu haben. Denn in den ersten Tagen dreht sich alles um das Baby. Trotzdem muss gegessen und getrunken werden. Und zwar genau das, was der jungen Mutter schmeckt und bekommt. Denn nach der Anstrengung der Geburt beginnt das Stillen. Und dafür braucht jede Frau eine vollwertige Ernährung – je regelmäßiger, desto besser. Denn sonst ist ja nichts mehr regelmäßig – im Gegenteil! Das Baby verlangt vielleicht stündlich nach der Brust, schläft unregelmäßig und muss einen allerersten Rhythmus noch entwickeln.

> **» Mit der Geburt des ersten Kindes ändert sich das ganze Leben. Eine völlig neue Ära beginnt. Gut, wenn man darauf vorbereitet ist! «**

Lebensmittel mit hoher Nährstoffdichte sind wichtig

Jetzt macht sich bezahlt, wenn gesunde Küche schon vorher auf dem Plan stand. Denn in der Stillzeit füllt eine hohe Nährstoffdichte die Speicher im Körper wieder auf, ohne die »Baby-Kilos« zu zementieren. Abnehmen in der Stillzeit war früher tabu – wegen der bedenklichen Rückstände von Pestiziden in der Muttermilch. Die reichern sich nämlich im Fettgewebe an und gelangen in die Muttermilch. Zum Glück ist die Belastung zurückgegangen. Die Gefahr einer Übergewichtskarriere ist dagegen nach einer Schwangerschaft gestiegen. Die Speckrollen sind ja als Reserve für Geburt und das Stillen angelegt. Erlauben wir unserem Körper also, sie genau dafür zu nutzen. Das heißt jetzt nicht, Diäten zu machen. Aber eben nur so viel zu essen, dass diese Kilos nach und nach abgebaut werden.

» Solange gestillt wird, ist schlicht die Mutter die erste Bezugsperson für das Baby. Aber schon jetzt ist der Vater wichtig! «

Solange das Baby gestillt wird, ist die Rollenverteilung in der kleinen Familie klar. Doch auch schon in dieser Zeit kann der Vater wickeln, waschen und versorgen. Das hat bei uns gut geklappt, weil Edgar noch studierte und sich seine Zeit einteilen konnte. Ich dagegen begann mein Volontariat bei »Meine Familie & ich«, als Cornelius vier Monate alt war. Beruflich war das eine große Chance – aber für unser Baby im Rückblick vielleicht doch ein bißchen früh. Die heutige Gesetzgebung macht es jungen Eltern da schon etwas leichter.

Mir liegt die Unterstützung der Mütter am Herzen

Teilhabe wird von den Vätern auch eingefordert. Ich bekomme auch kritische Post, weil ich in Baby-Büchern die Mutter direkt anspreche. Doch ehrlich gesagt: Wenn ich nur noch gendergerecht schrei-

Unser Hochzeits-
tag 1979. Heute
würde ich sagen:
Kinderehe. Wir
waren 24 und 27.

Mit unserem
ältesten Sohn
Cornelius auf
Reisen – herrlich
einfach, wenn
man stillt.

be, dann geht die direkte Ansprache verloren. Ich stelle mir ja mein Gegenüber vor, wenn ich schreibe. Und da gibt es eben doch Unterschiede. Ich finde, Väter könnten da etwas großzügiger sein. Schließlich haben wir Frauen Jahrhunderte gebraucht, um auf Augenhöhe zu sein. Abgesehen davon: Die Zahl der Alleinerziehenden wächst. Und Studien zeigen: Die längste Elternzeit nehmen die Mütter in Anspruch. Und der »mental load« liegt ebenfalls auf ihren Schultern. Ob sich das jemals völlig ändert, weiß ich nicht. Ich bin mir auch nicht sicher, ob in der Baby- und Kleinkindzeit die Mutter nicht doch enger mit dem Kind verbunden ist als der Vater. Wir hatten als Paar auch die Utopie, alles gerecht aufzuteilen. Am Ende ist es uns nicht völlig gelungen. Aber wir können damit leben. Automatisch wird sich das nicht ändern. Doch es lohnt sich, dafür zu kämpfen. Mir ist es wichtig, vor allem die Mütter in der ersten Zeit zu unterstützen – ohne die Väter auszusperren!

Gesund und nährstoffreich durch Schwangerschaft, Stillzeit und Babys erstes Jahr – dabei wollte ich junge Familen schon immer unterstützen.

Mein erstes Buch bei GU - noch mit einem rohen Eigelb auf dem Babybrei, weil es so schön aussah. Heute undenkbar!

Trinken ist nicht nur beim Stillen wichtig – und Kräuter tun nicht nur der Mutter gut, sondern beruhigen die ganze Familie. Hier kommt eine kleine Auswahl von tollen Tees!

Tee für alle(s)

Zubereitungszeit: 12 Min.

Für 4 Portionen

Für Stilltee:
1 TL Fenchelsamen
1 TL Anissamen
2 EL getrocknete Verbene
  (Eisenkraut)

Für Beruhigungstee:
1 Handvoll frische oder
  2 EL getrocknete Zitro-
  nenmelisse
1 Spirale Bio-Apfelschale
2 TL getrocknete Kamille

Für belebenden Tee:
1 Stück Ingwer (1 cm lang)
1 Zweig Rosmarin
1 Handvoll frische oder
  2 EL getrocknete Minze

**Für Abstill- und entwäs-
sernden Tee**
1 Handvoll frische oder
  2 EL getrocknete Brenn-
  nesselspitzen
10 frische oder getrocknete
  Salbeiblätter
1 Stück Bio-Orangenschale

TIPP
**Für natürliche
Süße 1–2 Steviablätter mit
aufbrühen.**

1 Für einen Stilltee Fenchel und Anis im Mörser anstoßen oder mit einem Messerrücken leicht zerdrücken. Mit Verbene in einen Topf geben und mit ca. 600 ml kochendem Wasser übergießen. Zugedeckt 5–8 Min. ziehen lassen. Durch ein Sieb abgießen und in eine Thermoskanne füllen.

2 Für einen Beruhigungstee die Zitronenmelisse waschen, mit der ebenfalls gewaschenen Apfelschale und der Kamille in einem Topf mit 600 ml kochendem Wasser übergießen. Zugedeckt 5 Min. ziehen lassen. Durch ein Sieb abgießen und in eine Thermoskanne füllen. (Grundsätzlich Bioäpfel verwenden – immer, wenn sie fürs Backen oder Kochen geschält werden, die Schale einfrieren oder trocknen.)

3 Für einen belebenden Tee Ingwer in dünne Scheiben schneiden und mit 600 ml Wasser zum Kochen bringen. Nach 2 Min. Rosmarin dazugeben und 2 weitere Min. mitkochen. Die Minze hinzufügen und den Topf vom Herd nehmen und zugedeckt 5 Min. ziehen lassen. Durch ein Sieb abgießen und in eine Thermoskanne füllen.

4 Für einen Abstilltee Brennnessel, Salbei und Orangenschale in einer Kanne mit 600 ml kochendem Wasser übergießen und zugedeckt etwa 5–7 Min. ziehen lassen. Durch ein Sieb abgießen und in eine Thermoskanne füllen.

Birnen-Hirse-Porridge

Zubereitungszeit: 20 Min. | Pro Portion ca. 280 kcal, 7 g E, 13 g F, 32 g KH

Für 2 Personen
50 g Hirse
150 ml Haferdrink
1 reife Birne
100 g Erdbeeren
1 Zweig Rosmarin
40 g Mandeln

1 Die Hirse waschen, mit dem Haferdrink in einem Topf zum Kochen bringen und zugedeckt bei kleiner Hitze in 15 Min. weich garen.

2 Die Birne waschen, trocken reiben und vierteln. Das Kerngehäuse entfernen und die Viertel in Scheiben schneiden. Die Erdbeeren waschen, putzen und halbieren oder vierteln. Rosmarin waschen und trocken schütteln. Die Nadeln abstreifen und mit den Mandeln in einer beschichteten Pfanne anrösten, bis sie duften. Grob hacken.

3 Die Birnen unter die Hirse ziehen. Kurz aufkochen. Mit Erdbeeren und Mandeln toppen.

Zitronen-Milchreis

Zubereitungszeit: 20 Min. | Pro Portion ca. 350 kcal, 8 g E, 13 g F, 49 g KH

Für 2 Personen
200 ml Haferdrink
50 g Natur-Reisflocken
1 Bio-Zitrone
1 kleine, reife Mango
3 EL Cashewmus (ca. 50 g)

1 Den Haferdrink mit den Reisflocken in einen Topf geben, zum Kochen bringen und bei kleiner Hitze 10 Min. quellen lassen.

2 Die Zitrone heiß abwaschen und abtrocknen. Die Schale abreiben und den Saft auspressen. Die Mango schälen, das Fruchtfleisch vom Stein schneiden und pürieren.

3 Zitronensaft- und schale mit dem Cashewmus unter den Reis ziehen. Das Mangopüree darübergießen.

Miso habe ich erst sehr spät entdeckt. Dabei ist die fermentierte Sojapaste nicht nur würzig, sondern enthält auch wertvolle Aminosäuren und B-Vitamine. Sie ist nicht so salzig und löst sich im Nu – perfekt für einen schnellen Imbiss. Eigentlich gehören Ramennudeln hinein. Mienudeln gibt es neuerdings aus Vollkorn, das finde ich besser.

Misosuppe

Zubereitungszeit: 35 Min. | Pro Portion ca. 210 kcal, 7 g E, 9 g F, 27 g KH

Für 4 Personen
250 g Möhren
2 Stangen Staudensellerie
1 kleiner Kohlrabi mit Grün
3 EL Rapsöl
2 EL Tomatenmark
3–4 EL Misopaste
Sojasauce
100 g Vollkorn-Mienudeln

1 Das Gemüse waschen. Die Möhren schälen, den Sellerie putzen, beides in 0,5 cm dicke Scheiben scheiden. Kohlrabi wenn nötig schälen, in fingerdicke Scheiben und dann in Würfel schneiden. Die Kohlrabistiele klein schneiden, die Blätter grob hacken.

2 Das Öl in einem Topf erhitzen und das Gemüse bis auf die Kohlrabiblätter darin andünsten. Das Tomatenmark dazugeben. Wenn das Gemüse beginnt anzusetzen, mit etwa 750 ml Wasser angießen. Die Misopaste dazugeben und zugedeckt etwa 15 Min. garen.

3 Mit Sojasauce abschmecken und die Mienudeln dazugeben. Kurz ziehen lassen und servieren.

TIPP
Wenn der Salat
satt machen soll,
gegarte Berglin-
sen oder Graupen
untermischen.

Bittersalat süß-sauer

Bitterstoffe regen die Verdauung an, sie unterstützen die Leber und wirken gegen Übersäuerung. Außerdem stärken sie die Immunabwehr und können sogar Süßhunger dämpfen. Perfekt nicht nur für Schwangere. Und Kinder? Sie schmecken Bitteres oft stärker – ausprobieren, ob sie es mögen. Notfalls ein bisschen milden Salat extra anrichten.

——

Zubereitungszeit: 30 Min. | Pro Portion ca. 225 kcal, 7 g E, 14 g F, 13 g KH

Für 4 Personen
400 g Pflaumen
1 rote Zwiebel
2–3 EL Olivenöl
Salz
Pfeffer
100 g Ziegenfrischkäse
 (Rolle)
3–4 EL Aceto balsamico
200 g Radicchio
100 g Rucola
150 g Baby-Blattspinat
1 EL Senf

1 Die Pflaumen waschen, halbieren und entsteinen. Große Früchte vierteln. Die Zwiebel schälen, halbieren und in schmale Streifen schneiden. 1 EL Öl in einer Pfanne erhitzen und die Zwiebeln darin anbraten. Mit den Pflaumen mischen, salzen und pfeffern. In einer Auflaufform unter den Backofengrill schieben und bei 220° etwa 5–7 Min. grillen, bis die Pflaumen Saft gezogen haben.

2 Den Ziegenkäse in 1 cm dicke Scheiben schneiden, zwischen den Pflaumen verteilen und schmelzen lassen. Mit 1 EL Balsamico beträufeln.

3 Inzwischen Radicchio, Rucola und Babyspinat waschen und putzen, in mundgerechte Stücke teilen. Aus Senf, übrigem Öl und Balsamico, Salz und Pfeffer ein cremiges Dressing rühren.

4 Die Salatblätter auf einer Platte anrichten, die Pflaumen mit dem Käse darauf verteilen. Den Saft mit dem Dressing mischen und über den Salat träufeln.

Kohlrabi-Hackfleisch-Topf

Als Kind liebte ich dieses Gericht. Und finde immer noch: Es schmeckt erstaunlich toll. Die Kohlrabiblätter, die früher weggeworfen wurden, verwende ich heute mit. Sie sind wahre Vitaminbomben!

———

Zubereitungszeit: 50 Min. | Pro Portion 180 kcal, 13 g E, 11 g F, 7 g KH

Für 4 Personen
750 g Kohlrabi
1 Zwiebel
1 EL Rapsöl
200 g mageres Rinder-
  hackfleisch
Salz
Pfeffer
1 TL getrockneter Thymian
5 EL Sahne

1 Kohlrabi waschen und wenn nötig schälen. Die Knolle halbieren und mit der Küchenmaschine in dünne Scheiben hobeln. Die Kohlrabistiele klein schneiden, die Blätter grob hacken. Die Zwiebel schälen und fein würfeln.

2 Das Öl in einem Topf erhitzen und die Zwiebeln darin anbraten. Das Hackfleisch dazugeben, salzen und pfeffern. So lange braten, bis es bräunt. Die Kohlrabischeiben und -stiele und den Thymian hinzufügen und zugedeckt bei kleiner Hitze etwa 20 Min. garen. Wenn nötig, etwas Wasser dazugeben. Nach 10 Min. die Blätter hinzufügen.

3 Mit Sahne, Salz, Pfeffer und Thymian abschmecken. Dazu passen Pellkartoffeln oder Kartoffelpüree.

 **TIPP**
Wenn du 100 g gehackte Walnüsse und Hafercreme anstelle von Hackfleisch und Sahne verwendest, wird das Gericht vegan.

Tomaten allein machen nicht satt. Deshalb gehört in meine Sauce
Wurzelgemüse, gesundes Fett und Sahne. Dazu noch Walnüsse – dann
stimmt der Mix. Natürlich mit Pasta und Parmesan. Zum Einkochen
brauchst du vor allem einen Spritzschutz!

—

Prep-Tomatensauce

———

Zubereitungszeit: 1 Std. 15 Min. | Pro Portion ca. 255 kcal, 5 g E, 21 g F, 12 g KH

Für 8 Personen

1 Bund Suppengrün (z. B. Möhren, Sellerie, Lauch, Petersilie)
200 g Kirschtomaten
4 EL Rapsöl
Salz
Pfeffer
50 g Tomatenmark
750 ml Tomatensaft
1 TL Fenchelsamen
2 EL Honig
150 g Walnüsse
100 g Sahne

1 Den Backofen auf 200° vorheizen. Das Suppengrün waschen. Möhren schälen, Sellerie putzen, beides grob raspeln. Den Lauch längs vierteln und in dünne Ringe schneiden. Petersilie mitsamt Stängeln hacken. Die Tomaten waschen, einpiksen und mit 1 EL Öl, Salz und Pfeffer in einer feuerfesten Form mischen. Im heißen Ofen (Mitte) etwa 20 Min. backen.

2 Inzwischen übriges Öl in einem großen, flachen Topf oder einer großen, tiefen Pfanne erhitzen und das Gemüse darin anbraten. Wenn es zu bräunen beginnt, Tomatenmark dazugeben und kurz weiterbraten. Dann Tomatensaft und Fenchelsamen dazugeben und mit Salz und Pfeffer würzen. Zugedeckt etwa 20 Min. garen.

3 Deckel abnehmen, Honig dazugeben und mit Spritzschutz noch etwa 10 Min. einkochen lassen. Inzwischen die Nüsse hacken und in einer Pfanne anrösten, bis sie duften.

4 Die Sauce mit Sahne, Salz, Pfeffer und Fenchel abschmecken und nach Bedarf mit etwas Wasser verdünnen. Mit den Walnüssen und den Ofentomaten toppen und zu Pasta servieren. Die Sauce bleibt im Kühlschrank 3 Tage frisch und lässt sich portionsweise auf Vorrat einfrieren.

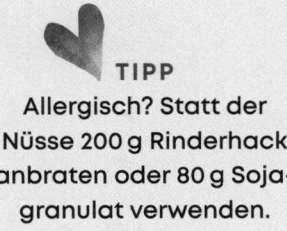

TIPP
Allergisch? Statt der Nüsse 200 g Rinderhack anbraten oder 80 g Sojagranulat verwenden.

Das erste Gericht, das ich perfekt konnte, waren hauchdünne Palatschinken. Ich liebe sie immer noch – aber heute nehme ich 1050er Mehl und Haferdrink. Und fülle sie am liebsten mit Spinat, das schmeckt gigantisch und ist ein toller Eisenlieferant! Brennnesseln sind im Frühjahr eine prima Alternative. Und auch süß mit Mango sind sie lecker!

Topfenpalatschinken süß & salzig

——

Zubereitungszeit: 1 Std. | Pro Portion (süß) ca. 430 kcal, 22 g E, 19 g F, 42 g KH,

(pikant) ca. 500 kcal, 29 g E, 27 g F, 34 g KH

Für 1 kleine Auflaufform

Für die Palatschinken:
2 Eier
150 g Mehl (Type 1050)
250 ml Haferdrink
Salz
2 EL Mineralwasser

Für die süße Füllung:
250 g Magerquark
1 Ei
1–2 TL Honig
1 Bio-Zitrone
1 Mango

Für die pikante Füllung:
500 g Blattspinat
1 Zwiebel
1 EL Butter
Salz, Pfeffer
frisch geriebene Muskat-
    nuss
50 g geriebener Parmesan
250 g Magerquark
1 Ei

Außerdem:
2 EL Butter (zum Braten und
    für die Form)
150 g saure Sahne, Milch

1 Aus Eiern, Mehl, Haferdrink und 1 Prise Salz einen glatten, geschmeidigen Teig rühren und 15 Min. ruhen lassen.

2 Für die süße Füllung Quark mit Ei und Honig cremig schlagen. Zitrone heiß abwaschen, abtrocknen, die Schale abreiben und den Saft auspressen. Die Mango schälen, Fruchtfleisch vom Stein schneiden und 1 cm groß würfeln. Zitronenschale, 1 EL Saft und Mangowürfel untermischen.

3 Für die pikante Füllung Spinat waschen, grobe Stiele entfernen und hacken. Zwiebel schälen, würfeln und in der Butter andünsten. Spinat dazugeben und zusammenfallen lassen. Mit Salz, Pfeffer und Muskat würzen. Parmesan, Quark und Ei verrühren, Gemüse unterziehen.

4 Den Teig mit Mineralwasser aufschäumen. Die Butter in einer beschichteten Pfanne erhitzen. Etwas Teig darin verteilen und zugedeckt 1–2 Min. backen. Wenden. Zugedeckt in 2 Min. fertig backen. Aus dem restlichen Teig weitere 6–7 Palatschinken zubereiten.

5 Backofen auf 180° vorheizen. Die Auflaufform fetten. Palatschinken mit der Quarkfüllung bestreichen, aufrollen und einschichten. Saure Sahne mit Milch glatt rühren, darüber verteilen. Im Ofen (Mitte) 15–20 Min. backen.

Essen
lernen

Mit Flasche, Brei und Fingerfood

Wir sind eine Familie von Allergikern. Deshalb war für mich damals klar: monotone Beikost. Gegenwärtig gilt das Gegenteil: Vielfalt und Abwechslung – in kleinen Portionen. Das hab ich aus heutiger Sicht falsch gemacht. Start ab Ende des vierten Monats: Das ist momentan wieder angesagt, war aber zwischendurch verpönt. Ebenfalls ein No-Go ist der Breisauger, mit dem unsere Babys so entspannt ihren Milchbrei am Abend bekamen. Öfter heißt es, die Flasche am besten ganz zu überspringen, durchzustillen und im Anschluss gleich den Trinkbecher nutzen. Als nächstes steht der Löffel auf der Negativliste: »Baby-led-weaning« oder »Breifrei« fordern progressive Mütter und Hebammen. Das Kind soll selber entscheiden, was es wann isst – eigenständig und mit den Fingern. Nicht etwa gefüttert werden. Fand ich erstmal sehr extrem – und eine enorme Herausforderung für die Eltern. Denn das bedeutet letzten Endes: Stillen bis zum ersten Geburtstag – vorher können sich Kinder mit Fingerfood allein kaum vollwertig satt essen. Heute finde ich, dass Fingerfood vom Tisch der Großen – ungesalzen, sanft und saftig – eine Bereicherung ist. Aber warum muss das gleich in einen regelrechten Feldzug gegen den Brei ausarten? Ich würde mir mehr Toleranz wünschen.

»Ist das allergisch?«

Cornelius, unser Ältester, hatte sehr viele Lebensmittelunverträglichkeiten. Ich ließ ihn testen – es war ein Riesenthema. Bis er einmal vor seinem gefüllten Teller saß, mich anschaute und fragte: »Ist das allergisch?« In dem Moment beschloss ich, das Thema nicht mehr zu erwähnen. Sondern stillschweigend wegzulassen, was ihm nicht gut tat. Klar wusste ich manchmal nicht, ob er etwas wirklich nicht vertrug – oder es einfach nicht mochte. So behaupteten alle drei unisono, allergisch gegen Fisch zu sein. Heute essen sie ihn alle.

Nur Nici, der Zweitgeborene, blieb ein konsequenter Fischgegner. Er hat mich auch mit meiner Regel »Von allem mindestens einen Happs probieren« scheitern lassen. Ich finde sie nach wie vor sinnvoll. Heute zeigen sogar Studien: Durchs Probieren wird ein Geschmack gelernt und vertraut. Aber wenn Nici nicht wollte, half kein Zureden, weder Bestechung noch Erpressung ... Wenn er aber etwas mochte, war die Begeisterung groß : »Ohmjamjamjam« war sein Schlachtruf.

Und Magnus, der Jüngste? Bekam dramatisch laute Verzweiflungsanfälle, wenn das Apfelmus AUF dem Pfannkuchen war, statt daneben. Oder der Kräuterquark mitten in den Kartoffeln landete. Und ließ im Zweifelsfall ein Mittagessen auch mal ausfallen in der Gewissheit, dass er danach von unserem Hauswirtschaftslehrling Martina heimlich in der Küche seine geliebten Cornflakes mit Milch bekam.

> **» Mach aus Unverträglickeiten und Allergien kein großes Drama! Wenn Essen grundsätzlich gefährlich scheint, ist das problematisch. «**

Heute isst er Fisch, gedämpftes Gemüse und glutenfrei ... nach seiner Zwiebel-Paprika-Fleisch-Phase. Mit anderen Worten: Der Mensch hält viel aus. Trotzdem bin ich dafür, jeden Tag erneut zu versuchen, Kinder an eine vielseitige, frische Kost zu gewöhnen.

Alle helfen mit!

Im Haushalt zu helfen war in meiner Kindheit viel selbstverständlicher als heute. In einem Ernährungsbericht der Deutschen Gesellschaft für Ernährung wurde das untersucht: Tatsächlich übernehmen Kinder aktuell viel weniger Aufgaben im Haushalt als früher. Warum eigentlich? Wollen Eltern die Kinder schonen? Oder machen all die Fertigprodukte und Maschinen Hilfe überflüssig? Wäre schade. Ich selber begann meine Aktivitäten in der Küche mit der Salatsauce: Die war noch nicht fertig, wenn ich aus der Schule kam. Ich entwickelte den Ehrgeiz, sie so lange zu rühren, bis sie dicklich wurde. Mit Zitronensaft, Livio und Kondensmilch nicht so einfach. Wenn ich damals schon mehr über die emulgierende Wirkung von Senf gewusst hätte ... Dann folgten Palatschinken – also hauchdünne Crêpes. Mein Ziel war es, aus dem Teig von einem Ei fünf Palatschinken zu produzieren, was mir meist gelang.

Meine Mutter stammte aus Siebenbürgen und war mit der österreichisch-ungarischen Küche aufgewachsen. Nach ihrer Deportation ins Donezgebiet und Flucht ins Rheinland lernte sie meinen Vater kennen, heiratete und wurde Mutter und Hausfrau. Beides mit Begeisterung! Meine ältere, ordentliche Schwester stieg dann eher in die Abteilung Waschen, Bügeln, Sticken ein. Ich begeisterte mich für die Kocherei. Und meine Mutter förderte das.

> **» Es hilft definitiv, die Kinder mit einzubeziehen: Wer kochen lernt, lernt auch essen! «**

Wir bekamen einen echten, elektrischen Puppenherd geschenkt. Und begannen dann, Bouillon aus Brühwürfeln, Fleischwurstschnitzel, Pfannkuchen und Nudeln zu kochen. Spielten Restaurant, schrieben Speisekarten und luden Nachbarskinder und natürlich unsere Eltern ein. Auch bei unseren Kindern war der Herd ein Hit! Nici hatte im Kindergarten eine regelrechte Kochliebe mit der rothaarigen Ariane. Ich stellte den Herd auf die Terrasse und sie

Meine beiden Geschwister und ich zusammen mit unserer Mutter.

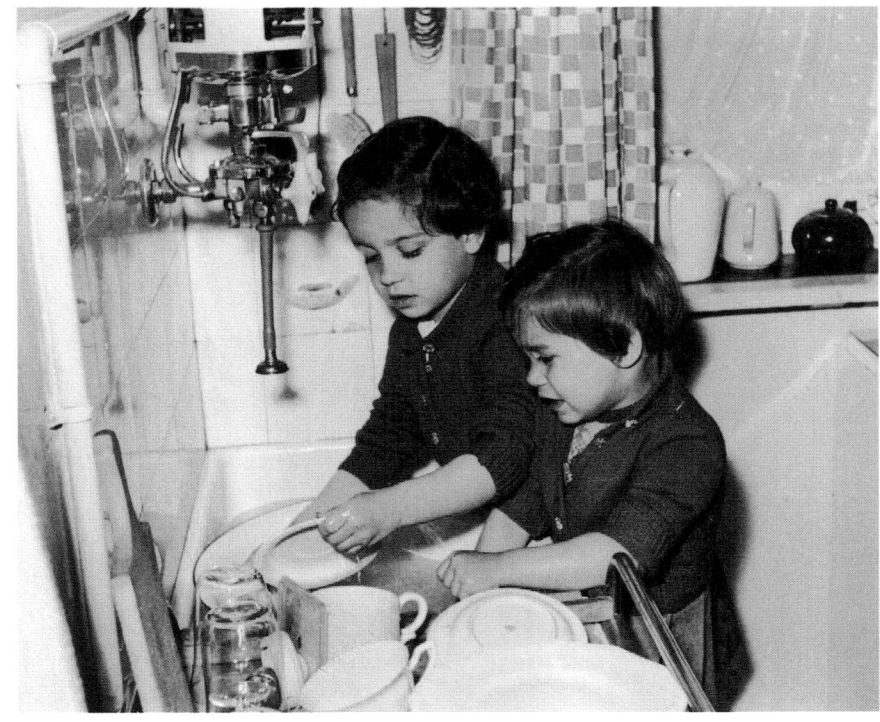

Wenn wir in der Küche halfen, gab es oft Streit, wer spülen durfte und wer abtrocknen musste.

schnippelten und kochten sich durch den Sommer … Mittlerweile gibt es das Nachfolgemodell für die Enkel. Als ich unseren antiken, kaputten Herd entsorgen wollte, brach ein Sturm der Entrüstung los: »Das ist doch der Inbegriff unserer glücklichen Kindheit! Und er ist sooo schön …«

Meine Mutter ließ mir auch später in der Küche freie Hand. Während mein strenger Vater mich rügte, weil ich Chaos ohne Ende produzierte, wälzte sie mit mir Kochbücher, schickte mich zu meiner Großmutter, Annarollen, Cremeschnitten und Dobostorte backen zu lernen, und genoss es, dieses Interesse mit mir zu teilen.

Als sie dann für eine schwere Krebs-OP für drei Wochen ins Krankenhaus musste, übernahm ich die Küche, meine Schwester die Wäsche. Damals habe ich den Speisezettel mit ihr geschrieben – heute wird mir das Herz schwer, wenn ich daran denke. In dieser Zeit habe ich mich dann »freigekocht«: Keiner, den ich fragen konnte – ich musste selber entscheiden – und das gelang. Seither liebe ich es! Und bin sehr dafür, »Nahrungszubereitung« wieder an der Schule zu unterrichten!

Titus und Oscar beim Pfannkuchen backen (links). Mein erster Puppenherd Weihnachen 1962 (rechts).

 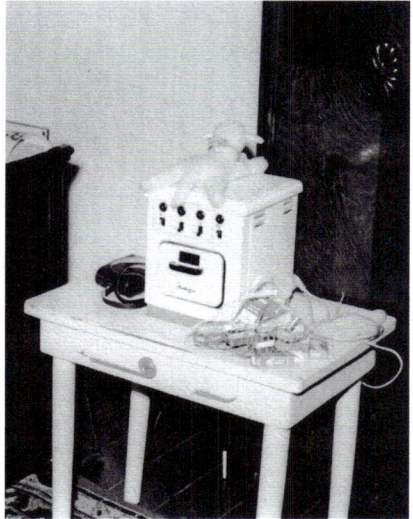

Montag: Nudelsuppe
Dienstag: Schweinebraten
Mittwoch: Frikadellen, Bohnen
Donnerstag: Nudeleintopfauflauf, Gurken
Freitag: Erbsensuppe
Samstag: Gulash + Salat od. Ragout
Sonntag: Rahm-Schnitzel + " + Quarkspeise
M.: Nudelsuppe
D: Zwiebelfleisch + Gurken
Mi: Spaghetti mit Tomatensoße Rührei 1/4 gek.
Do: Ravioli + Feldsalat od. Grünkohl
F: Tomatenreis
S: Schweineragout Gulash
So: Hühnerfrikassee
M: Kartoffelsuppe
D: Kassler
Mi: Spaghetti mit Rührei Tomatensoße
Do: Bohneneintopf
Fr.: Heringstip + Pellkartoffeln
Sa.: Nudelsuppe
XSo: Rahmschnitzel od. Ragout od. Geflügel
M:

in ≈ 1 700-2000g, od. Rinderhack

Der Speiseplan, den ich mithilfe meiner Mutter vor ihrer OP machte.
Wie sie sich wohl dabei gefühlt hat?

Kartoffelsamtsuppe und -brei

Kartoffeln sind ein richtiges Magenpflaster: kaliumreich und basenbildend. Die Pastinaken sorgen für eine gute Verdauung. Beides ist die Grundlage des ersten Gemüsebreis. Und schmeckt auch als Suppe fantastisch.

———

Zubereitungszeit: 40 Min. | Pro Erwachsenenportion ca. 410 kcal, 9 g E, 21 g F, 45 g KH, pro Babyportion ca. 140 kcal, 3 g E, 7 g F, 15 g KH

Für 2 Erwachsenen- und 2 Babyportionen

450 g mehligkochende Kartoffeln
1 kleine Stange Lauch
200 g Pastinaken
3 EL Rapsöl
50 g Cashewkerne
1 Lorbeerblatt
1 Msp. Fenchelsamen
10 g zarte Getreideflocken
30 ml Orangensaft
200 ml Haferdrink
Salz
Pfeffer
frisch geriebene Muskatnuss

INFO

Kartoffeln pur besser nicht pürieren: Sie verkleistern sofort. Wenn anderes Gemüse dabei ist, werden sie schön cremig – nur kurz mixen!

1 Kartoffeln und Gemüse waschen. Lauch putzen, gründlich waschen, längs halbieren und mitsamt dem Grün in fingerbreite Ringe schneiden. Kartoffeln und Pastinaken schälen und in 2–3 cm große Stücke schneiden.

2 2 EL Öl in einem Topf erhitzen und den Lauch ganz sanft darin andünsten. Kartoffeln und Pastinaken dazugeben und mit etwa 500 ml Wasser angießen. Cashewkerne, Lorbeerblatt und Fenchel dazugeben. Zugedeckt etwa 20 Min. garen. Wenn das Gemüse ganz weich ist, das Lorbeerblatt herausfischen.

3 Für den Babybrei ca. 100 g Gemüse samt Cashewkernen mit dem Schaumlöffel abnehmen, mit dem übrigen Rapsöl (1 EL), den Getreideflocken und dem Orangensaft sehr fein pürieren. Wenn nötig Garflüssigkeit oder ein wenig Haferdrink hinzufügen.

4 Für die Suppe das restliche Gemüse mit dem Haferdrink pürieren. Wenn nötig, noch etwas Wasser dazugeben. Mit Salz, Pfeffer und 1 Prise Muskat abschmecken. Dazu passen frisch geröstete Brotwürfel.

Mit etwa 4 bis 5 Monaten sind die Eisenvorräte des Babys aufgezehrt.
Deshalb wird als erster Brei ein Gemüsebrei mit Fleisch empfohlen.
Ich finde Geflügel gut, weil es leicht verdaulich ist. Für die Familie gibt es
Geschnetzeltes mit verstecktem Gemüse, viel Sauce und Vollkorn-Couscous.

Rahmgeschnetzeltes und Brei

—

Zubereitungszeit: 50 Min. | Pro Erwachsenenportion ca. 845 kcal, 45 g E, 36 g F, 84 g KH, pro Babyportion ca. 280 kcal, 15 g E, 12 g F, 28 g KH

**Für 2 Erwachsenen-
und 2 Babyportionen**

300 g Hähnchenbrustfilet
1 TL edelsüßes Paprika-
   pulver
Salz
Pfeffer
1–2 EL Mehl (Type 1050)
400 g Möhren
300 g Staudensellerie
1 rote Paprika
1 kleine Zwiebel
3 ½ EL Rapsöl
2 EL Butter
250 g Vollkorn-Couscous
2–3 Kaffir-Limettenblätter
Sojasauce
100 g Schmand (26 % Fett)

1 Hähnchenbrustfilet in Streifen schneiden. 50 g beiseite-legen, übrige Streifen mit Paprikapulver, Salz, Pfeffer und Mehl vermischen. Das Gemüse waschen. Möhren schälen und in Scheiben schneiden. Staudensellerie in Scheiben schneiden, das Grün hacken. Die Paprika halbieren, weiße Trennwände und Kerne entfernen. Für Babys mit einem Kippschäler schälen und in 1–2 cm große Würfel schnei-den. Die Zwiebel schälen und fein hacken.

2 1 EL Öl und 1 EL Butter in einer Pfanne erhitzen und das Gemüse darin andünsten. 500 ml Wasser angießen. Zugedeckt 15 Min. garen. Nach 10 Min. das ungewürzte Fleisch obenauf legen.

3 500 ml Wasser in einem Topf zum Kochen bringen. Couscous, Kaffir-Limettenblätter und 1 EL Butter dazuge-ben. Bei kleiner Hitze etwa 15 Min. ausquellen lassen.

4 Für den Babybrei 200 g Gemüse und das mitgegarte Fleisch abnehmen. Mit 120 g Couscous und 1 ½ EL Öl pürieren. In zwei Portionen teilen. Für das Geschnetzelte das gewürzte Fleisch in 1 EL Öl rundherum anbraten. Mit Gemüsesud ablöschen und 5 Min. leicht kochen lassen. Mit Gemüse und Schmand mischen. Mit Sojasauce ab-schmecken. Couscous salzen und dazureichen.

Blumenkohl ist schon für die Kleinsten toll. Die Blätter immer mit verwerten: Sie sind vitaminreich. Hirse enthält viel Eisen und schmeckt mild, wenn sie frisch ist. Du kannst auch Graupen oder Risottoreis verwenden. Fisch von Anfang an senkt für Babys das Allergierisiko.

Blumenkohlhirsotto mit Fisch

—

Zubereitungszeit: 45 Min. | Pro Erwachsenenportion ca. 830 kcal, 36 g E, 45 g F, 72 g KH,

pro Babyportion ca. 275 kcal, 12 g E, 15 g F, 24 g KH

**Für 2 Erwachsenen-
und 2 Babyportionen**

1 kl. Blumenkohl
  (etwa 800 g)
5 EL Rapsöl
200 g Hirse
250 ml Haferdrink
½ TL Fenchelsamen
400 g flaches Fischfilet
½ Bio-Zitrone
1–2 EL mildes Currypulver
Salz
Pfeffer
100 g Crème fraîche
  (30 % Fett)
Zitronenspalten zum
  Garnieren

1 Blumenkohl waschen. Die Blätter entfernen und beiseitelegen. Kohl mitsamt Strunk grob zerteilen und in der Küchenmaschine raspeln. Die Raspel in einem großen Topf in 2 EL Öl andünsten. Hirse dazugeben und mit dem Haferdrink und 300 ml Wasser angießen. Fenchelsamen dazugeben, aufkochen und zugedeckt bei kleiner Hitze 15 Min. quellen lassen. Zwischendurch umrühren.

2 Den Fisch trocken tupfen, in mundgerechte Stücke teilen. 50 g abnehmen und die letzten 5 Min. auf dem Hirsotto mitgaren. Die Blumenkohlblätter von den Rippen schneiden, im Blitzhacker zerkleinern.

3 Die Zitrone heiß abwaschen und abtrocknen. Schale abreiben, Saft auspressen. Die Fischstücke mit 1 EL Zitronensaft beträufeln und mit Salz, Pfeffer und Currypulver bestäuben. 1 ½ EL Öl in einer Pfanne erhitzen und den Fisch darin von jeder Seite in 2–3 Min. knusprig braten.

4 Für den Babybrei etwa 400 g Hirsotto abnehmen und mit dem darauf gegarten Fisch und dem übrigen Öl (1 ½ EL) zerdrücken. 1 TL Zitronensaft und etwas Wasser dazugeben. In zwei Portionen teilen. Übriges Hirsotto mit Blumenkohlblättern, Crème fraîche, übrigem Zitronensaft, Zitronenschale, Salz und Pfeffer mischen, abschmecken. Mit Fisch und Zitronenspalten servieren.

TIPP
Für Puffer 1 Ei und so viel Hirseflocken untermischen, dass eine formbare Masse entsteht.

Polenta liebe ich, seit ich mit meiner Mutter in ihrer Heimat Siebenbürgen war. Vor allem den etwas gröberen Grieß. Die meisten Kinder mögen Polenta auch, weil sie so gelb und so mild ist.

Polenta mit Paprika-Erdnuss-Sauce

———

Zubereitungszeit: 45 Min. | Pro Erwachsenenportion ca. 725 kcal, 8 g E, 14 g F, 22 g KH,
pro Babyportion ca. 240 kcal, 8 g E, 14 g F, 22 g KH

**Für 2 Erwachsenen-
und 2 Babyportionen**
4 rote Paprika
2 EL Rapsöl
1 EL edelsüßes Paprika-
pulver
150 g Polenta (Maisgrieß)
300 ml Haferdrink
Salz
Pul Biber
150 g Hüttenkäse
2 EL Butter
100 g geröstete, unge-
salzene Erdnüsse
1 Handvoll Basilikum
Sojasauce

TIPP
Reste lassen sich in
Schnitten teilen und in der
Pfanne braten.

1 Die Paprika waschen, halbieren, weiße Trennwände und Kerne entfernen und in grobe Würfel schneiden. 1 EL Öl erhitzen und die Paprikawürfel darin andünsten, Paprikapulver dazugeben. 100 ml Wasser angießen und zugedeckt 15 Min. garen. Nach Bedarf noch Wasser hinzufügen. Den Backofen auf 180° vorheizen.

2 Den Maisgrieß mit Haferdrink und 300 ml Wasser zum Kochen bringen. Wird er dicklich, ein knappes Viertel abnehmen. Den Rest mit Salz und Pul Biber würzen. Den Hüttenkäse unterziehen und alles in eine kleine Auflaufform geben. Im Ofen (Mitte) 25 Min. backen, nach 15 Min. Butter darauf verteilen.

3 Erdnüsse im Blitzhacker fein zerkleinern. Das Paprikagemüse im Mixer ganz fein zerkleinern, mit dem Erdnussmus mischen. Basilikum waschen und die Blätter abzupfen.

4 Für den Babybrei ein knappes Viertel Paprika-Erdnussmus mit der ungewürzten Polenta mischen, 1 EL Öl dazugeben und die Masse in 2 Portionen verteilen.

5 Für die Erwachsenen die Paprikasauce mit Salz, Pul Biber und Sojasauce würzen. Die Ofenpolenta mit frischen Basilikumblättern bestreut mit der Sauce servieren.

Unser heute 80-jähriger guter Geist, Frau Micucci, ist eine ebenso
begeisterte Köchin wie ich. Sie liebt Kartoffeln. Hier ihr Standardrezept:
Rösti aus halb gegarten Kartoffeln, mit Kräutern und dazu Zaziki!
Fürs Wenden der Riesen-Rösti nehme ich eine Konditorpalette, die größer
als die Pfanne ist. Sonst kleine Rösti backen …

Frau Micuccis Rösti

———

Zubereitungszeit: 50 Min. | Pro Portion ca. 430 kcal, 12 g E, 24 g F, 41 g KH

Für 4 Personen

Für die Rösti:
1,2 kg mehligkochende
 Kartoffeln
Salz
Pfeffer
frisch geriebene Muskat-
 nuss
1 TL frische Majoran-
 blättchen
4–5 EL Öl
60 g geriebener Butterkäse

Für das Zaziki:
300 g kleine Zucchini
1 Knoblauchzehe
300 g griechischer Joghurt
 (10 % Fett)
Salz
Pfeffer

1 Die Kartoffeln waschen und mit Schale in wenig Wasser in 15 Min. nur knapp garen. Inzwischen die Zucchini waschen, die Enden abschneiden und die Zucchini grob raspeln. Den Knoblauch fein hacken. Beides beiseitestellen.

2 Die halbgaren Kartoffeln kalt abschrecken, pellen und grob reiben. Die Raspel mit Salz, Pfeffer, 1 Prise Muskat und Majoran würzen.

3 In einer großen flachen Pfanne 1 EL Öl erhitzen, die Hälfte des Kartoffelteigs darin verteilen und zugedeckt bei kleiner Hitze braten. Zwischendurch 1 weiteren EL Öl entlang des Pfannenrands verteilen. Den Riesen-Rösti mithilfe einer großen Tortenpalette wenden. 1 EL Öl dazugeben, mit der Hälfte des Reibekäses bestreuen und zugedeckt fertig backen. Warm halten und den zweiten Rösti braten.

4 Zucchiniraspel, Knoblauch und Joghurt miteinander verrühren und mit Salz und Pfeffer abschmecken. Das Zaziki zu den Rösti reichen.

BABY-TIPP
Wenn ein Baby ab 10 Monaten mitisst: Nur ganz leicht salzen. Joghurt und Käse sind erst etwas für Kleinkinder über 1 Jahr.

Kartoffelstampf mit Pilzschnitzeln

—

Zubereitungszeit: 1 Std. | Pro Portion ca. 470 kcal, 17 g E, 22 g F, 49 g KH

Für 4 Personen

Für den Kartoffel-stampf:
500 g Kartoffeln
500 g Möhren
Salz
frisch geriebene Muskat-
  nuss
200 ml Milch (ersatzweise
  Haferdrink)

Für die Pilzschnitzel:
250 g Austernpilze
150 g Vollkorn-Dinkelmehl
2 Eier
40 g Sesam
Saft von ½ Zitrone
200 ml Mineralwasser
1 EL Currypulver
Salz
Pfeffer
ca. 4 EL Rapsöl zum Braten

1 Kartoffeln und Möhren waschen, schälen und grob zerteilen. Mit etwa 200 ml Wasser, Salz und 1 Prise Muskat in einem Topf aufkochen und mit geschlossenem Deckel etwa 20 Min. garen.

2 Inzwischen die Austernpilze mit Küchenpapier säubern und flach drücken. In kleine Schnitzel teilen und in Mehl wenden.

3 Aus dem übrigen Mehl, den Eiern, Sesam, Zitronensaft, Mineralwasser, Curry, Salz und Pfeffer einen dicklichen Teig rühren. 2 EL Öl in einer großen, beschichteten Pfanne erhitzen. Bemehlte Pilze durch den Teig ziehen, kurz abtropfen lassen und nacheinander in der heißen Pfanne von beiden Seiten knusprig ausbacken. Auf Küchenpapier abtropfen lassen und warm halten.

4 Wenn Kartoffeln und Karotten weich sind, Milch dazugeben und stampfen. Nach Bedarf noch etwas Wasser hinzufügen, mit Salz und Muskat abschmecken. Zu den Schnitzeln servieren.

BABY-TIPP
Die Pilzschnitzel sind für Babys ab dem 8. Monat geeignet. Bitte schwach würzen und sanft braten.

Cremige Sauce lässt alles besser rutschen – gut, wenn die Basis Gemüse ist. Grünkern schmeckt würzig und ist grüner Dinkel, der gedarrt wird – deshalb das würzige Aroma. Mit Kürbiskernen und Erbsen sorgt er für ausreichend Eiweiß.

Würzige Klößchen mit grüner Sauce

Zubereitungszeit: 50 Min. | Pro Erwachsenenportion ca. 745 kcal, 30 g E, 42 g F, 63 g KH, pro Babyportion ca. 250 kcal, 10 g E, 14 g F, 21 g KH

Für 2 Erwachsenen- und 2 Babyportionen

150 g Sellerie
2 EL Rapsöl
150 g Grünkernschrot
500 g TK-Erbsen
100 g Mascarpone
frisch geriebene Muskatnuss
40 g Kürbiskerne
Salz
Pfeffer
2 Eier
1 EL Tomatenmark
Sojasauce
3–4 EL Semmelbrösel

BABY-TIPP
Babys ab 11 Monate können mit den Großen mitessen – einfach schwächer salzen.

1 Sellerie waschen, schälen, in Stücke schneiden und im Blitzhacker fein raspeln. 1 EL Öl in einem Topf erhitzen und die Sellerieraspel darin unter Rühren anbraten. Grünkernschrot dazugeben und mit 300 ml Wasser angießen. Aufkochen lassen und bei kleiner Hitze zugedeckt 10 Min. quellen lassen, dabei umrühren. Abkühlen lassen.

2 Die Erbsen in 100 ml Wasser auftauen und erhitzen. Mit Mascarpone pürieren, nach Bedarf noch etwas Wasser dazugeben. Kürbiskerne im Blitzhacker fein mahlen. Für 2 Breiportionen ein Viertel der Erbsensauce abnehmen und mit einem Viertel der Grünkernmasse, 1 EL Kürbiskerne und übrigem Öl (1 EL) verrühren.

3 Für die Großen übrige Grünkernmasse mit Eiern und Tomatenmark vermischen und mit Sojasauce würzen. So viele Semmelbrösel unterziehen, dass die Masse formbar ist. Daraus 3 cm große Kugeln formen. Wasser mit Salz aufkochen und die Klößchen einlegen. Bei kleiner Hitze offen ca. 5 Min. ziehen lassen.

4 Gemahlene Kürbiskerne kurz anrösten. Klöße mit einem Schaumlöffel aus dem Wasser heben und in der Pfanne schwenken. Das Erbsenpüree mit Salz, Pfeffer und Muskatnuss abschmecken, zu den Klößchen servieren.

Familien-(mahl-)zeiten

Alle an einem Tisch

Auch wenn es zwischendurch scheint, als ob alle Ess-Erziehung vergebens sei: Am Ende prägt das Familienessen zuhause doch mehr als wir denken. In meiner Kindheit war die Regelmäßigkeit selbstverständlich. Ebenso, dass frisch gekocht wurde. Schließlich gab's noch keine Ganztagsschulen und mein Vater kam täglich zum Mittagessen nach Hause. Modern war, dass es am Sonntag Nudelsuppe gab – damit meine Mutter auch Freizeit hatte. Und Samstag hatte ich immer eine verbrannte Zungenspitze, weil das Gulasch um zwölf, wenn ich aus der Schule kam, so eingeschmort war, wie ich es liebte. Da musste genascht werden – ganz schnell und heimlich ...

Und wie war es dann bei unseren Kindern?

Es hat geholfen, dass wir mittags immer zusammen essen konnten: Die Tierarztpraxis war in der Nebenstraße, mein Büro im Souterrain, die Schule mit Rad oder zu Fuß zu erreichen. Die Jungs durften natürlich Freunde zum Essen mitbringen. Diese aßen alles mit mehr oder weniger großer Begeisterung – schließlich probierte ich alle Rezepte für meine Bücher aus. Und die waren sicherlich manchmal sehr »gesund« oder zumindest ungewöhnlich. Deren Eltern spielten mir dann die Kommentare zurück. So meinte Nicis Freund David zu meiner Idee, Möhren in der Panierung von kleinen Schnitzeln zu verstecken: »Wenn man die Kruste abmachte, schmeckte das Schnitzel echt gut!«

»Meine Eltern sind megastreng ...!«

Wenn ich recht überlege, aßen die kleinen Freunde meiner Jungs eigentlich immer sehr manierlich alles, was auf den Tisch kam. Ich war recht zufrieden. Bis Magnus mich später aufklärte: »Was meinst du, was ich denen vorher erzählt habe? Ich habe gesagt: Meine Eltern sind megastreng! Ihr müsst euch bei Tisch benehmen und ALLES essen, was auf den Teller kommt ...« Tja, damit wäre dieses Rätsel wohl auch gelöst. Dabei fanden mein Mann und ich unseren Erziehungsstil ja immer sehr liberal. In der wilden Wiehre, unserem geliebten Freiburger Kiez, gelten aber doch eher andere Maßstäbe ... Ehrlicherweise fanden unsere Söhne die festen Essenszeit nicht immer toll. Magnus, unser Jüngster, lud eine Zeitlang seine Freunde vor dem Mittagessen zum Bäcker Bühler ein – zu sauren Zungen und Bretzeln. Da wir ein Konto beim Bäcker hatten, ließ Nici alles so souverän anschreiben, dass der Bäcker erst relativ spät nachfragte, ob das in

> **» Die gemeinsamen Familienmahlzeiten haben uns immer wieder an einen Tisch gebracht – auch als unsere Jungs längst keine kleinen Kinder mehr waren. «**

unserem Sinne sei ... Cornelius dagegen gönnte sich nach der Schule beim Metzger Edelmann ein Hühnerbein oder eine Scheibe Bauchspeck aus der Wärmetheke. Auf eigene Kosten! Auch das erfuhr ich irgendwann ganz nebenbei. Und wenn ich heute daran denke, muss ich noch immer darüber lachen, wie findig und kreativ Kinder und Jugendliche doch dabei sind, ihre Vorhaben unterhalb des elterlichen Radars in die Tat umzusetzen.

Mein Lieblingsladen: der »Hofmeister«

Meine erste Adresse in der Wiehre war dagegen der »Hofmeister«, ein kleiner Edeka, der auch lieferte. Höchst altmodisch und doch heute hochmodern. Anfangs radelte ich nachts, wenn ich meine Test-Rezepte für den nächsten Tag geschrieben hatte, beim Hofmeister vorbei und schob die Einkaufsliste unter seine Eingangstür. Später hatte er ein Fax.

Sein Service half mir auch bei vielen Fotoproduktionen. Denn der »Hofmeister« trieb selbst im Sommer eine fette Gans für Weihnachtsfotos auf oder im Frühjahr einen dicken Kürbis für die Herbstproduktion. Inzwischen gibt es ihn nicht mehr. Und auch der kleine Tante-Emma-Laden gegenüber ist einem Italo-Deli gewichen. Leider. Trotzdem ist die Wiehre ein Einkaufs-Eldorado geblieben: Mit einem Edeka um die Ecke, einem Bio-Keller, einem Drogeriemarkt, einem asiatischen und einem afghanischen Gemüseladen und einem kleinen, wirklich gut sortierten Aldi. Das Bonbon ist der Wiehre Wochenmarkt am Mittwoch und Samstag.

Manchmal braucht es kreative Lösungen

Doch zurück zur Familienmahlzeit: Ab der achten Klasse war es viel cooler, mit Freunden Pizza zu essen. Da musste ich hart mit unserem Ältesten kämpfen. Der Deal: Zweimal die Woche fünf Euro (oder waren es Mark?) für Pizza, an den übrigen Tagen essen daheim und nach Anmeldung Freunde mitbringen. Ab der zehnten Klasse folgte für alle ein irisches Internat. Das ließ die Wertschätzung für meine Küche explodieren!

> **» Früher weckten uns die Kinder unerbittlich in aller Frühe. Aber als Teenager schliefen sie oft bis mittags. Also verlegte ich das Familienessen auf 18 Uhr. «**

Und am Wochenende? Kleine Kinder brauchen auch am Sonntag ein Mittagessen. Ich übrigens auch! Aber wenn sie älter werden,

Wenn Patenkinder zu Besuch kamen, gab es eine eigene Kindertafel.

Am Geburtstag brachte die Eisenbahn den Kuchen direkt vor den Teller.

dann ändern sich die Gewohnheiten: Früher weckten sie uns unerbittlich in aller Frühe – und irgendwann schliefen sie bis mittags! Wir leider nicht mehr – die Unruhe im Alter nimmt morgens zu. Und so fanden wir uns irgendwann zu zweit vor dem Morgenkaffee. Auch schön. Fürs Wochenende entwickelte ich dann eine neue Lösung: Um 18 Uhr gab's ein Familien-Sonntagsessen. Ich kochte etwas Schönes – und egal wie jeder sein Wochenende verbracht hatte: Alle trafen sich am Esstisch. Und das war gut so. Manchmal müssen Eltern kreative Lösungen anbieten – und nicht darauf warten, dass sich alles von selber findet.

Wenn ich heute die Familienmahlzeiten bei unserem Mittelkind beobachte, hat sich daran nicht so viel geändert. Aber ich empfinde auch, wie viel Energie und Konsequenz das erfordert. Dennoch: Es lohnt sich!

Je klarer die Strukturen für die gemeinsame Mahlzeit sind, desto besser gelingen sie. Das bedeutet immer auch Planung. Die beginnt

» Was mir immer wichtig war: zuverlässige Zeiten, ein Stammplatz für jeden, eine eigene Serviette, alle beginnen und enden gemeinsam – und irgendwann essen alle mit Messer und Gabel. **«**

mit einem Speisezettel für die Woche – denn mit hungrigen Kindern werden spontane Kochentscheidungen echt anstrengend. Es hilft auch, für Knabbergemüse als Vorspeise zu sorgen, während die Nudeln noch ein paar Minuten brauchen. Wer weiß: Vielleicht ziehen wir uns den Salat irgendwann selbst an unserer Küchenwand. Bis dahin ist ein Kühlschrank mit viel Platz für Frisches ein echter Vorteil, ergänzt durch grüne Kisten. Kita und Schule werden bei uns das gemeinsame Mittagessen in der Woche ablösen. Wir sollten dafür sorgen, dass die Verpflegung dort wirklich vollwertig ist. Und abends und am Wochenende das gemeinsame Essen ganz bewusst gestalten und genießen.

Weihnachten feiern wir immer in der Mühle. Hier mein Mann Edgar mit unserem Dackelmädchen Jussa und ich mit Enkeltochter Aurelia. Neben mir Magnus, dahinter Victoria mit Titus, Nicolaus mit Oscar und Cornelius, 2020.

Schulbrote

Saftig, appetitlich und haltbar müssen sie sein – und schmecken.
Und unbedingt mit den Kindern abgesprochen sein. Die Basis ist ein fein
vermahlenes Vollkornbrot. Roggen ist besonders saftig. Wurst kann jeder.
Deshalb ein paar sehr leckere Varianten »ohne«.

———

Zubereitungszeit: 15 Min. | Pro Veggiebrot ca. 395 kcal, 14 g E, 20 g F, 38 g KH,
pro Veganbrot ca. 475 kcal, 13 g E, 24 g F, 49 g KH, pro Pizzabrot ca. 295 kcal, 9 g E, 10 g F, 41 g KH

Für 1 Schulbrot
2 Scheiben Vollkornbrot

Veggie:
2 Blätter Eisbergsalat
2 TL Butter
1 hart gekochtes Ei
1 TL Senf
1 TL Rapsöl
Salz, Pfeffer
1 TL Schnittlauch

Vegan:
4 Salbeiblätter
2 Auberginenscheiben
1 EL Olivenöl, Salz
einige Blätter Rucola
2 EL Cashewmus
1–2 EL Zitronensaft

Pizza:
1 Handvoll Basilikum
2 TL Butter
2 getrocknete Tomaten
½ Kugel Mozzarella
1 Handvoll Kirschtomaten

1 Für das Veggie-Brot die Salatblätter waschen und trocken tupfen. Die Brotscheiben mit Butter bestreichen und mit Salat belegen. Das Ei schälen und mit Senf, Öl, Salz, Pfeffer und Schnittlauch mit der Gabel zerdrücken, auf einem Brot verteilen, das zweite daraufsetzen, andrücken.

2 Für das vegane Schulbrot Salbei und Auberginen in einer beschichteten Pfanne mit Öl von beiden Seiten braten, salzen. Rucola waschen und trocken schütteln. Cashewmus mit 1 EL heißem Wasser und Zitronensaft cremig rühren. Auf den Brotscheiben verteilen, mit Rucola belegen. Auberginen und Salbei auf eine Scheibe legen, die zweite darüberklappen, andrücken.

3 Für das Pizza-Brot Basilikum waschen, trocken schütteln. Brotscheiben mit Butter bestreichen. Getrocknete Tomaten hacken und darauf verteilen. Mit Basilikum belegen. Mozzarella in dünne Scheiben schneiden, ein Brot damit belegen, die zweite Scheibe darauflegen, andrücken. Die Tomaten extra in die Brotbox packen.

VARIANTE
Dazu passen
auch Möhren und
Rosenkohl – brau-
chen aber ein
wenig länger.

Lumpenblech mit Quark

Ofenkartoffeln mit Gemüse und dazu Kräuterquark geht immer!
Wer mag, kann noch kleine Bratwürstchen oder Hähnchenunterschenkel
mit aufs Blech legen. Oder einen Ofenkäse mitbacken.

———

Zubereitungszeit: 20 Min. | Backzeit: 40 Min. | Pro Portion ca. 375 kcal, 23 g E, 14 g F, 39 g KH

Für 4 Personen

Für das Ofengemüse:
1 kg mittelgroße Kartoffeln
200 g Blumenkohl
2 rote Paprika
250 g Zucchini
1–2 Zweige Rosmarin
3–4 EL Olivenöl
Salz
Pfeffer

Für den Quark:
2–3 Frühlingszwiebeln
500 g Magerquark
5 EL Sahne
Salz
Pfeffer
Mineralwasser

1 Kartoffeln und Gemüse gründlich waschen, nach Bedarf abbürsten. Blumenkohl in Röschen teilen. Paprika waschen, halbieren, weiße Trennwände und Kerne entfernen und in fingerdicke Streifen schneiden. Zucchini in fingerdicke Scheiben schneiden, die Enden abschneiden. Die Kartoffeln längs halbieren – dann garen sie schneller. Rosmarin waschen und trocken schütteln. Die Nadeln abzupfen und mit dem Gemüse in einer Schüssel mit Öl, Salz und Pfeffer mischen.

2 Den Backofen auf 200° vorheizen. Ein Backblech mit Backpapier auslegen, Gemüse und Kartoffeln darauf verteilen, Kartoffeln am besten mit der Schnittfläche nach unten. Im heißen Ofen (Mitte) 35–40 Min. backen.

3 Inzwischen die Frühlingszwiebeln waschen, putzen und in feine Ringe schneiden. Mit dem Quark, Sahne, Salz und Pfeffer mischen. So viel Mineralwasser dazugeben, dass die Konsistenz cremig wird.

Hier versteckt sich das Gemüse in der Hülle – toll für Gemüsemuffel. Auch wenn sich, wie Nicis Freund David, nicht alle hinters Licht führen lassen – einen Versuch ist es allemal wert!

—

Rübchenschnitzel mit Kartoffelgratin

—

Zubereitungszeit: 1 Std. | Pro Portion ca. 465 kcal, 29 g E, 19 g F, 44 g KH

Für 4 Personen

Für das Kartoffel-gratin:
800 g Kartoffeln
Salz
Pfeffer
250 ml Milch
150 g Sahne

Für die Rübchen-schnitzel:
200 g Möhren
1 Ei
80 g Vollkornmehl
Salz
Pfeffer
1 TL mildes Currypulver
300 g Hähnchenbrust
2–3 EL Rapsöl zum Braten

TIPP
Gelingt auch mit Krabben oder Fischstückchen oder vorgegartem Gemüse.

1 Für das Gratin den Backofen auf 200° vorheizen. Die Kartoffeln waschen, schälen und am besten mit der Küchenmaschine in dünne Scheiben hobeln. Mit Salz und Pfeffer mischen und in eine flache Auflaufform schichten. Milch und Sahne mischen und darübergießen. Die Flüssigkeit sollte die Kartoffeln knapp bedecken. Gratin im heißen Ofen (Mitte) etwa 45 Min. backen.

2 Inzwischen Möhren waschen wenn nötig schälen, grob teilen und im Blitzhacker sehr fein raspeln. Das Ei mit den Möhren verquirlen, 60 g Mehl und 3–4 EL Wasser dazugeben und zu einem dickflüssigen Teig verrühren. Mit Salz, Pfeffer und Currypulver würzen.

3 Die Hühnerbrust quer zur Faser in 1 cm dicke Scheiben schneiden. Salzen und pfeffern und im übrigen Mehl wenden. Ausbackteig nach Bedarf noch etwas verdünnen, Vollkorn quillt stark nach. In einer beschichteten Pfanne das Öl erhitzen. Die Minischnitzel durch den Ausbackteig ziehen und in der Pfanne von beiden Seiten goldgelb braten. Auf Küchenpapier abtropfen lassen und warm halten.

4 Das Gratin eventuell kurz vor Ende der Garzeit abdecken. Zu den Schnitzelchen reichen.

Pilzbuletten mit Pilzrahmsauce

Natürlich lieben alle »Fleischpflanzerl«. Doch mir ist das heute zu viel Fleisch. Deshalb packe ich Pilze hinein, die ähnlich schmecken. Dazu gibt es Pilzrahmsauce – ganz schnell mit der Küchenmaschine geraspelt.

———

Zubereitungszeit: 30 Min. | Pro Portion ca. 330 kcal, 20 g E, 23 g F, 11 g KH

Für 4 Personen

Für die Pilzbuletten:
200 g Champignons
1 Zwiebel
250 g Hackfleisch
Salz
Pfeffer
mildes Currypulver
1 Ei
3–4 EL Semmelbrösel
2 EL Butter (ersatzweise
    Rapsöl)

Für die Pilzrahmsauce:
400 g Champignons
1 Zwiebel
1 EL Butter
Salz
Pfeffer
50 g Schmand
Sojasauce
3 EL gehackte Petersilie

1 Für Buletten und Sauce die Champignons säubern und in der Küchenmaschine grob raspeln. Die Zwiebeln schälen, halbieren und in kleine Würfel schneiden.

2 Ein Drittel der Pilze mit Hackfleisch, der Hälfte der Zwiebeln, den Gewürzen und dem Ei verkneten. So viele Brösel dazugeben, dass die Masse gut formbar wird. Dann mit nassen Händen etwa 12 kleine Buletten formen.

3 In einer beschichteten Pfanne 2 EL Butter erhitzen und die Buletten von beiden Seiten bei mittlerer Hitze nicht zu braun braten. Herausheben und warm halten.

4 Für die Sauce die Butter in der Pfanne erhitzen und übrige Zwiebeln darin anbraten. Wenn sie beginnen zu bräunen, die übrigen gehackten Pilze, Salz und Pfeffer dazugeben. Etwa 4 Min. unter Rühren garen. Dann mit dem Pürierstab fein mixen, mit etwas Wasser verdünnen und mit Schmand, Sojasauce und Petersilie abschmecken. Dazu passen am besten Nudeln oder Salzkartoffeln.

Das war lange mein Geburtstags-Wunschessen – ohne Zucchini und mit
Wasserspatzen, die so schön glitschig waren. Spätzle tun's freilich auch.
Hauptsache, genug Sauce!

Paprikasch mit Wasserspatzen

Zubereitungszeit: 1 Std. | Pro Portion ca. 440 kcal, 31 g E, 17 g F, 41 g KH

Für 4 Personen

Für das Paprikasch:
300 g Zwiebeln
500 g Zucchini
4 Hähnchenkeulen
Salz
2 EL Rapsöl
1 EL edelsüßes Paprika-
   pulver
½ TL rosenscharfes
   Paprikapulver
Salz
2 TL Mehl
2–3 EL Sahne

Für die Wasserspatzen:
100 g Mehl (Type 1050)
2 Eier
125 g Magerquark
80 g Grieß
Salz

1 Für das Paprikasch die Zwiebeln schälen, halbieren und in Würfel schneiden. Die Zucchini waschen, die Enden abschneiden und die Zucchini grob raspeln. Die Hähnchenkeulen mit Salz einreiben und im Gelenk trennen. In 1 EL Öl in einem Schmortopf rundherum kräftig anbraten, bis sie bräunen. Dann herausheben.

2 Übriges Öl im Schmortopf erhitzen und die Zwiebeln darin anbraten. Paprikapulver dazugeben und kurz mitbraten. Zucchini dazugeben, salzen und unter Rühren anbraten. Hähnchenkeulen obenauf legen. Zugedeckt alles 30 Min. schmoren. Wenn das Gemüse beginnt anzusetzen, etwa 400 ml heißes Wasser angießen.

3 Das Mehl im Schüttelbecher in 5–6 EL kaltem Wasser auflösen. Die Hähnchenkeulen aus dem Topf nehmen, warm halten. Das Gemüse nach Wunsch pürieren. Unter Rühren das angerührte Mehl dazugeben und bei kleiner Hitze mind. 5 Min. köcheln lassen. Mit Sahne und Gewürzen abschmecken, die Keulen wieder dazugeben.

4 Für die Wasserspatzen alle Zutaten mit 1 Prise Salz zu einem halbfesten Teig rühren, quellen lassen. Mit einem nassen Esslöffel Nockerl abstechen und in kochendes Salzwasser geben. Bei kleiner Hitze gar ziehen lassen, bis sie oben schwimmen. Abgießen und nach Wunsch in Butter schwenken.

Am Samstag gab's bei uns zu Hause Gulasch. Noch immer liebe ich das
deftige Schmorgericht meiner Kindheit nach dem Rezept meiner Mutter.
Bei YouTube hat es heute über 100 000 Aufrufe und Kommentare.

Echtes ungarisches Gulasch

———

Zubereitungszeit: 30 Min. | Backzeit: 2 Std. 30 Min. | Pro Portion ca. 460 kcal, 31 g E, 33 g F, 10 g KH

Für 4 Personen

600 g Rindfleisch zum
  Schmoren (Schulter oder
  Wade)
600 g Zwiebeln
4 EL Rapsöl (ersatzweise
  Gänseschmalz)
2 EL edelsüßes Paprika-
  pulver
1 TL rosenscharfes Paprikapulver
Salz
50 g Schmand

1 Den Backofen auf 220° vorheizen. Das Rindfleisch in 6–8 cm große Stücke teilen. Die Zwiebeln schälen, halbieren und in sehr dünne Scheiben schneiden.

2 Das Öl mit den Zwiebeln in einer Kasserolle anschmoren, bis die Zwiebeln glasig werden. Dann das Paprikapulver dazugeben und die Fleischstücke unter Rühren anschmoren und salzen. Wenn das Fleisch seine rote Farbe verloren hat und gut mit den Zwiebeln durchmischt ist, den Deckel auflegen und das Gulasch im Ofen (unten) 1 Std. 30 Min. schmoren.

3 Den Deckel abnehmen, den Topfinhalt gut durchmischen und ohne Deckel im Ofen (unten) 1 weitere Std. garen. Nach 30 Min. nach Bedarf durchrühren.

4 Beginnt das Gulasch anzusetzen, etwas kochendes Wasser angießen, sodass es noch sämig bleibt. Mit Schmand, Salz, Pfeffer und Paprikapulver abschmecken. Wer mag, lässt das Gulasch etwas abkühlen, angelt die Fleischstücke heraus, schneidet sie in mundgerechte Happen und gibt sie wieder in die Sauce. Dazu passen Nudeln oder Spätzle.

TIPP

Das Fleisch bräunt ganz ohne Anbraten beim Garen, wenn alle Flüssigkeit verschmort ist, und gibt ein tolles Aroma. Wichtig: Ebenso viele Zwiebeln wie Fleisch verwenden.

VARIANTE
Statt Hackbäll-
chen Lachswür-
fel einlegen und
die Kapern in die
Sauce geben.

Königsberger Klopse

Als Kind pulte ich die Kapern überall heraus – heute könnte ich sie löffeln! Die Klopse waren das Lieblingsgericht meiner Schwiegermutter, die aus Pommern stammte. Ich finde sie mit dem Lauch in der Sauce besonders toll.

———

Zubereitungszeit: 45 Min. | Pro Portion ca. 475 kcal, 34 g E, 29 g F, 16 g KH

Für 4 Personen

Für das Lauchgemüse:
3–4 Stangen Lauch
   (ca. 1 kg)
2 EL Rapsöl
2 EL Weizenmehl (Type 1050)
600 ml dünne Gemüse-
   brühe
Salz
Pfeffer
frisch geriebene Muskat-
   nuss
2 EL Schmand
2 TL Meerrettich
2–3 EL Zitronensaft
etwas abgeriebene Zitro-
   nenschale

Für die Klopse:
2–3 EL Kapern (eingelegt)
500 g Putenhackfleisch
   (ersatzweise Kalbshack-
   fleisch)
2 Eier
4 EL gehackte Petersilie
4–5 EL zarte Haferflocken

1 Den Lauch putzen, gründlich waschen und in Ringe schneiden. Das Öl in einem Topf erhitzen, den Lauch darin anbraten und mit Mehl überstäuben. Die Brühe angießen, mit Salz und Pfeffer würzen und zugedeckt in etwa 15 Min. weich dünsten.

2 Für die Königsberger Klopse inzwischen die Kapern hacken und mit Hackfleisch, Eiern, Petersilie und Hafer-flocken zu einem formbaren Teig vermengen, mit Salz und Pfeffer würzen. Mit einem Esslöffel 20 Portionen abstecken und zu Klopsen formen.

3 Das Lauchgemüse pürieren und mit Schmand und Meerrettich abschmecken. Die Sauce zum Kochen bringen, die Klopse einlegen und in etwa 10 Min. gar ziehen las-sen. Die Sauce mit Zitronensaft und -schale abschmecken. Dazu passen Kartoffeln und Endiviensalat.

Tomatenreis

Zubereitungszeit: 35 Min. | Pro Portion ca. 225 kcal, 5 g E, 3 g F, 44 g KH

Für 4 Personen
1 Zwiebel
1 Paprika
1 EL Rapsöl
200 g parboiled Langkorn-
   reis
400 ml Tomatensaft
Salz

1 Die Zwiebel schälen und fein würfeln. Paprika waschen, halbieren, weiße Trennwände und Kerne entfernen und ebenfalls in Würfel schneiden. Das Öl in einem Topf erhitzen, Zwiebel und Paprika darin anbraten. Reis hinzufügen und kurz mitbraten.

2 Mit Tomatensaft ablöschen, Salz hinzufügen und aufkochen lassen. Bei kleiner Hitze in ca. 20 Min. zugedeckt weich garen.

Schlosskartoffeln

Zubereitungszeit: 35 Min. | Pro Portion ca. 240 kcal, 5 g E, 9 g F, 35 g KH

Für 4 Personen
800 g Kartoffeln (möglichst
   festkochend)
40 g Butter
Salz
60 g Semmelbrösel

1 Die Kartoffeln waschen und schälen. Je nach Größe halbieren oder vierteln. Etwas Wasser in einen Topf mit Dämpfeinsatz füllen, die Kartoffeln in den Dämpfeinsatz legen und garen.

2 Die Butter in einer Pfanne zerlassen und salzen. Die Semmelbrösel darin unter Rühren anrösten. Die Kartoffeln dazugeben und darin schwenken, bis sie rundherum von knusprigen Bröseln überzogen sind.

Alles veggie oder was?

Es geht auch ohne Fleisch

Wenn ich an unsere Familienmahlzeiten denke, ist klar: Irgendwie war oft Fleisch dabei. Nicht viel – aber dennoch. Vor allem, wenn ich zwischen den Tagen mit mehr oder weniger gelungenen Versuchsrezepten zur Motivation der Jungs mal etwas »Normales« kochen wollte. In meiner Kindheit war es ähnlich. Nur wenn mein Vater auf Dienstreise war, gab es köstliche siebenbürgische »Mehlspeisen«. Traurige Folge: Wir Kinder freuten uns immer, wenn der Vater mittags nicht zuhause war. Natürlich wegen der Topfen- und Zwetschgenknödel, wegen Palatschinken und Kaiserschmarrn. Und später? In unserer Familie? Da hatten es Süßspeisen immer schwer – wir kamen beide aus Elternhäusern, in denen Süßes keine große Rolle spielte. Das ist auch so geblieben – vielleicht zu unserem Glück. Nur bei Niederegger-Marzipan werde ich schwach.

Mittlerweile ist unser Essverhalten – auch als Familie – bunter geworden. Und das ist gut so. Denn täglich Fleisch, das tut weder unserer Gesundheit noch dem Planeten gut. Exotische Gewürze und Zubereitungen lassen ganz andere Mahlzeiten entstehen. Meine Praktikanten tragen sicher zu dieser Entwicklung bei: Wer Ernährungswissenschaften studiert, ist meist Vegetarier. Und weiblich.

Auch wenn es mittlerweile richtig erfolgreiche männliche Ernährungs-Influencer gibt: Die Mehrheit der Vegetarier und vor allem der Veganer insgesamt ist weiblich. Männer essen immer noch mehr Fleisch als Frauen – auch relativ gesehen.

Aber warum ist das so? Ich versuche seit Jahrzehnten Studien zu finden, die sich mit dem Gender-Aspekt des Essens beschäftigen. Aber über bloße Mutmaßung gehen sie nicht heraus: der Steinzeitjäger in jedem Mann, Fleisch als Symbol der Kraft und Männlichkeit. Und das, obwohl doch Frauen einen relativ höheren Eisenbedarf als Männer haben. Ich selber bin nicht die geborene Veganerin. Mein Vater nannte mich amüsiert »fleischfressende Pflanze« – vielleicht wollte ich ihn auch nur beeindrucken ... Doch eine gewisse Vorliebe für den würzigen Umami-Geschmack ist mir immer noch geblieben. Nur habe ich deshalb zunehmend ein schlechtes Gewissen, das ich mit Veggiewurst beruhige.

Fleisch nur noch am Wochenende

Meine nachhaltige Lösung heisst: In der Woche vegetarisch – am Wochenende darf es Fleisch sein. Vor allem, wenn die Großfamilie zusammenkommt. Und natürlich in der warmen Jahreszeit. Dann wird meist gegrillt, und nicht nur vegetarisch. Bei der Veggie-Woche kommt mir zugute, dass die meisten Bücher, die ich in der letzten Zeit verfasste, vegetarische Gerichte zum Inhalt hatten. Und dass es insgesamt einen hohen Bedarf an Rezepten ohne Fleisch gibt – die trotzdem aufregend schmecken und aussehen sollen. Und genau die entwickeln

> **» Das eigene Essverhalten zu verändern, das berührt ganz tiefe Ebenen in uns selbst – und ist deshalb ein langer Weg. Aber es lohnt sich! «**

und testen wir während der Arbeitszeit. Mittlerweile hat der Mitarbeiter-Mittagstisch die Familientafel ersetzt. Es gibt immer Gemüse UND Salat. Ich behaupte, dass deshalb der Krankenstand gegen

Null geht. Ich weiß nicht, ob ich mir für uns alleine täglich so viel Mühe geben würde. Aber es hilft, sich kreativ Gedanken zu machen. Denn wenn es im Alltag schnell gehen muss, dann fallen wir doch oft in alte Verhaltensmuster zurück und kochen – wie immer.

Vegetarier leben gesünder

Noch vor gar nicht so langer Zeit galt es als geradezu gefährlich, vegetarisch zu leben. Dabei zeigen schon lange sämtliche Studien, dass Vegetarier gesünder sind und länger fit als »Alles-Esser«. Bei den Veganern gibt es immer noch viele Vorbehalte. Auch hier zeigen Studien: Viele Veganer sind sehr gut informiert und deshalb auch bestens versorgt. Sie wissen, dass sie Vitamin B12, Omega-3-Fettsäure und oft auch Eisen, Jod und Zink supplementieren, also in Tablettenform zuführen, müssen. Genau dabei fühle ich mich unbehaglich. Denn eigentlich ist es kinderleicht, sich mit ganz normalen Lebensmitteln bestens zu versorgen.

Frisch kochen kostet Zeit – aber es lohnt sich!

Es kostet Zeit, mit frischen Lebensmitteln zu kochen – gerade Gemüse macht Mühe, muss frisch eingekauft, gewaschen, geputzt, geschnitten werden. Aber ehrlich: Der Geschmack ist toll und es muss nicht kompliziert sein. Außerdem ist die Auswahl an gesunden, vollwertigen Getreidebeilagen in den letzten Jahren geradezu explodiert. Gerstengraupen, Dinkelcouscous, Linsenpasta, Vollkornnudeln, Gnocchi, Polenta, unendlich viele verschiedene Reissorten – und alle diese Beilagen meist so bearbeitet, dass sie schnell gar sind.

> **» Ohne Fleisch zu kochen, ist zunächst vielleicht ungewohnt, letztendlich aber reine Übungssache. Je öfter man es macht, desto selbstverständlicher wird es. «**

Die Mühle mit
ihrem Park ist
perfekt für Pick-
nicks geeignet.

Im Küchengarten
wachsen Kräuter
ohne Ende.

Wer regelmäßig kocht, lebt selbstbestimmter

Wo ist die Grenze zu Fertigmixen, -gerichten, -teigen? Ich finde, ein Blick auf die Zutatenliste hilft. Wenn sie zu lang wird, wenn Aromen, Gewürzmischungen, Emulgatoren und Stabilisatoren auftauchen, dann klingeln bei mir die Alarmglocken. Denn wenn wir uns an Fertigprodukte gewöhnen, dann gewöhnt sich auch unser Geschmackssinn daran. Wir geben die Bestimmung über das, was wir essen, aus der Hand. Die beste Hilfe dagegen ist, kochen zu können. Dann kann man ganz souverän entscheiden, ob man ein Gericht frisch zubereitet – oder eben mal zu einem Fertigprodukt greift.

Warum ich das gerade in Zusammenhang mit vegetarisch-veganer Ernährung erwähne? Weil wir hier noch nicht so viel traditionelles Know-how haben und deshalb doch schneller zu fertigen Lösungen greifen. Eigentlich haben die pflanzlichen Drinks in ihrer Ökobilanz meist die Nase vorn. Aber wir wissen noch nicht, welche Folgen es hat, wenn Milch dadurch vollständig ersetzt wird. Was ist mit veganem Käse oder Fleischersatz? Da bedeutet ja auch: Wir ändern eigentlich nicht unsere Ernährungsgewohnheiten, sondern ersetzen nur Produkte tierischer Herkunft durch vegane – die Lebensmitteltechnologie macht's möglich. Mir ist es lieber, mehr Nüsse und Saaten, mehr Vollkorn aller Art und Milchprodukte, Ei, Fisch und Fleisch in Maßen zu verarbeiten. Die Basis unserer Ernährung sollte pflanzlich sein – das ist unbestritten. Je vielfältiger, desto eher bekommen wir, was wir brauchen.

Eine ganz wichtige Voraussetzung dafür ist in meinen Augen regelmäßiger Kochunterricht in Kitas und Schulen: Die heutigen Eltern und Großeltern sind häufig berufstätig und können das nur in Teilen leisten – oder gar nicht. Wir sind in so vielen Dingen fremdbestimmt – Kochen ermöglicht eigene Entscheidungen und Selbständigkeit. Das ist grandios!

In unserer Freiburger Küche wird nicht nur getestet, sondern danach auch alles gemeinsam probiert und gegessen!

VARIANTE
Nicht original,
aber sättigend
und gut: 1 kleine
Dose Kichererbsen
dazugeben.

Thai-Gemüse-Curry

So richtige Thai-Küchenfans sind wir erst ziemlich spät geworden –
als Magnus für ein Jahr im Norden Thailands für eine Stiftung arbeitete
und wir ihn besuchten. Vor allem die Limettenblätter liebe ich und habe
sie deshalb immer frisch eingefroren im Tiefkühlschrank.

———

Zubereitungszeit: 25 Min. | Pro Portion ca. 780 kcal, 9 g E, 75 g F, 18 g KH

Für 4 Personen

1 Bund Frühlingszwiebeln
250 g Möhren
250 g Pak Choi
1 rote Paprika
1 Knoblauchzehe
1 Stück Ingwer (2 cm lang)
1 Dose Kokosmilch (400 ml)
2 EL milde Currypaste
Salz
Chiliflocken
3–4 Kaffir-Limettenblätter
Fischsauce

1 Das Gemüse waschen. Frühlingszwiebeln putzen und schräg in 2 cm breite Streifen schneiden. Möhren in 0,5 cm dicke Scheiben schneiden. Pak-Choi-Stiele und -Blätter voneinander trennen und ebenfalls in Streifen schneiden. Die Blätter grob hacken. Die Paprika waschen, halbieren, weiße Trennwände und Kerne entfernen und in Streifen schneiden, diese halbieren. Knoblauch und Ingwer schälen und hacken.

2 Die Kokosmilchdose öffnen. 2 EL vom abgesetzten Fett abheben und in einer großen Pfanne mit der Currypaste, Ingwer und Knoblauch erhitzen. Dann das Gemüse – außer den Pak-Choi-Blättern – unter Rühren darin anbraten, dabei leicht mit Salz und Chiliflocken bestreuen.

3 Nach etwa 5 Min. die Pak-Choi- und Kaffir-Limettenblätter mit der übrigen Kokosmilch dazugeben und das Gemüsecurry 5 Min. köcheln lassen. Mit Fischsauce abschmecken. Dazu schmeckt Duftreis.

♥ **TIPP**
Wer keinen Koriander mag, greift stattdessen zur milderen Petersilie.

Falafel mit Ajvarrahm

Am besten schmecken sie frittiert. Aber irgendwie ging es mir schon immer gegen den Strich, danach so viel Öl wegzuschütten. Außerdem muffelt die Bude – und die Köchin sowieso. Aus dem Ofen wird es gut, wenn der Teig nicht zu mager ist und die Bällchen in Öl gewälzt werden. Wichtig: der saftige Dip, den bei uns alle lieben.

————

Zubereitungszeit: 25 Min. | Quellzeit: 12 Std. | Backzeit: 25 Min. |
Pro Portion ca. 490 kcal, 14 g E, 28 g F, 39 g KH

Für 4 Personen

Für die Falafel:
250 g getrocknete Kicher-
  erbsen
1 kleine Zwiebel
2 Knoblauchzehen
1 Bund Koriander
Salz
Pfeffer
2–3 TL gemahlener Kreuz-
  kümmel
½ TL Backpulver
3 EL Tahin (Sesampaste)
5–6 EL Olivenöl

Für den Ajvarrahm:
200 g Ajvar
100 g Schmand

1 Für die Falafel die Kichererbsen waschen und über Nacht in 600 ml Wasser einweichen. Abtropfen lassen. Zwiebel und Knoblauch schälen, den Koriander waschen, trocken schütteln und grob zerteilen. Mit den Kichererbsen, den Gewürzen, Backpulver, Tahin und 2 EL Öl in der Küchenmaschine pürieren. Abschmecken.

2 Den Backofen auf 220° vorheizen. Ein Backblech mit Backpapier auslegen und mit 2 EL Öl einpinseln. Mit einem Eisportionierer 24 Bällchen von der Falafelmasse abstechen und aufs Blech setzen. Mit übrigem Öl beträufeln. Die Falafel im Ofen (Mitte) 25 Min. goldbraun braten, zwischendurch wenden.

3 Für den Dip Ajvar mit Schmand zu einer glatten Creme rühren. Dazu passt Salat und etwas Fladenbrot.

Blitzlasagne

Zubereitungszeit: 20 Min. | Backzeit: 40 Min. | Pro Portion ca. 450 kcal, 22 g E, 20 g F, 45 g KH

Für 4 Personen
1 Bund Basilikum
150 g fettarmer Kräuter-
    frischkäse
200 g Sahne
150 ml Milch
40 g geriebener Parmesan
40 g geriebener Emmen-
    taler
Salz
Pfeffer
800 g Zucchini
10 Lasagneplatten
    (ca. 200 g)

1 Den Backofen auf 200° vorheizen. Basilikum waschen und trocken schütteln. Mit Frischkäse und Sahne im Blitzhacker zerkleinern. Milch, Parmesan und Emmentaler untermischen und mit Salz und Pfeffer abschmecken.

2 Zucchini waschen, in Scheiben hobeln und unter die kalte Sauce mischen.

3 Eine Auflaufform (20 cm × 30 cm) gut einfetten. Abwechselnd Lasagneplatten und Zucchini-Sauce einschichten. Mit Zucchini beginnen und abschließen. Im Ofen (Mitte) in 40 Min. leicht braun backen.

Ofenröschen mit Granatapfel-Joghurt-Dip

Zubereitungszeit: 20 Min. | Backzeit: 40 Min. | Pro Portion ca. 270 kcal, 89 g E, 16 g F, 22 g KH

Für 4 Personen

400 g Rosenkohl
400 g Blumenkohlröschen
3 EL Olivenöl
Salz
1–2 TL Ras el Hanout
1 Granatapfel
300 g griechischer Joghurt
  (10 % Fett)
1–2 TL Honig

1 Backofen auf 180° vorheizen. Das Gemüse waschen. Rosenkohl putzen, den Stielansatz einschneiden. Blumenkohlröschen einstechen. Das Gemüse mit Öl, Salz und Ras el Hanout mischen. Auf einem mit Backpapier ausgelegten Blech verteilen und im Ofen (Mitte) 40 Min. garen.

2 Inzwischen den Granatapfel halbieren, die Kerne herausdrücken. Den Jogurt cremig rühren und in eine flache Schale füllen. Mit Granatapfelkernen bestreuen, mit Honig beträufeln. Kalt stellen. Die Röschen auf dem Joghurt verteilen und mit Fladenbrot servieren.

INFO

Statt mit Graupen kannst du den Risotto auch mit Risottoreis kochen.

Graupenrisotto mit Limettensalsa

Süßkartoffeln gab's noch nicht, als unsere Kinder klein waren. Sie sind ein echter Gewinn, denn selbst Gemüsemuffel mögen sie. Auch die speziellen Gerstoni-Graupen sind eine Neuentdeckung: Sie enthalten besonders wirkungsvolle Ballaststoffe, die man nicht schmeckt. Die Eier dagegen sind in unserer Familie ein »Must-have«.

———

Zubereitungszeit: 40 Min. | Pro Portion ca. 415 kcal, 15 g E, 11 g F, 62 g KH

Für 4 Personen

Für den Graupenrisotto:
500 g Süßkartoffeln
1 EL Butter
1 TL gemahlene Kurkuma
½ TL gemahlener Kreuz-
    kümmel
200 g Perlgraupen
500 ml Gemüsebrühe

Für die Limettensalsa:
1 Limette
1 Kästchen Kresse (ersatz-
    weise Sprossen nach
    Belieben)
2–3 Frühlingszwiebeln
Salz
Pfeffer
Pul Biber

Außerdem:
4 Eier

1 Für den Graupentopf die Süßkartoffeln waschen, schälen und in 1,5 cm große Würfel schneiden. In der Butter andünsten. Mit Kurkuma und Kreuzkümmel würzen.

2 Die Graupen dazugeben und mit der Brühe ablöschen. Zugedeckt etwa 20 Min. garen, bis die Süßkartoffeln weich sind. Noch 10 Min. nachziehen lassen, bis die Graupen bissfest sind. Nach Bedarf noch Wasser dazugeben.

3 Inzwischen für die Salsa die Limette heiß abwaschen und abtrocknen. Die Schale abreiben und den Saft auspressen. Die Kresse vom Beet schneiden. Die Frühlingszwiebeln waschen, putzen und in Ringe schneiden. Kresse und Frühlingszwiebeln mit Limettensaft und -schale, Salz, Pfeffer und Pul Biber mischen.

4 Die Eier in 7 Min. kernweich kochen, abschrecken, pellen und längs halbieren. Den Risotto mit der Salsa toppen und die Eihälften darauf verteilen.

Rohes Ei in Nudeln wie bei Carbonara schmeckt wunderbar – es geht aber auch ohne! Ich nehme Mascarpone für den Schmelz und Kurkuma für die Farbe. Und den Vegetariern zuliebe getrocknete Tomaten statt Schinken.

Gnocchi
mit Veggie-Carbonara

—

Zubereitungszeit: 30 Min. | Pro Portion ca. 450 kcal, 14 g E, 17 g F, 57 g KH

Für 4 Personen
1 Zwiebel
600 g Möhren (mit Grün)
12 getrocknete Tomaten
   in Öl
2 EL Butter
Salz
Pfeffer
1 TL gemahlene Kurkuma
500 g Gnocchi
50 g Mascarpone
50 g geriebener Parmesan

1 Die Zwiebel schälen und in feine Würfel schneiden. Die Möhren waschen und in dünne Scheiben oder Würfel schneiden. 50 g Möhrengrün waschen, trocken schütteln und fein hacken. Getrocknete Tomaten in kleine Würfel schneiden.

2 Die Butter in einer hohen Pfanne erhitzen und die Zwiebeln darin anbraten. Die Möhrenscheiben dazugeben, mit Salz, Pfeffer und Kurkuma würzen und zugedeckt bei kleiner Hitze etwa 15 Min. garen. Wenn die Möhren beginnen anzusetzen, mit etwas Wasser ablöschen, Tomatenstückchen dazugeben.

3 In einem großen Topf reichlich Salzwasser zum Kochen bringen. Gnocchi dazugeben, aufkochen und gar ziehen lassen, bis sie oben schwimmen.

4 Die Möhren mit Mascarpone mischen. Gnocchi mit einem Schaumlöffel herausheben und in die Möhrensauce geben. Bei Bedarf mit etwas Gnocchiwasser verdünnen. Möhrengrün mit Parmesan mischen und darüberstreuen.

 **TIPP**
Wer kein Möhrengrün bekommt, verwendet Petersilie.

Zoodles mit Gorgonzola

Als der Gemüse-Spiralschneider aufkam, war ich erst genervt und dachte: »So viel Arbeit!« Aber dann musste ich schnell zugeben: Auch ohne Keto sind diese Zucchinischlangen echt toll – und superschnell gedreht.

———

Zubereitungszeit: 30 Min. | Pro Portion ca. 465 kcal, 18 g E, 17 g F, 57 g KH

Für 4 Personen
4 Zucchini (à ca. 200 g)
300 g Spaghetti
Salz
2 TL Rapsöl
3 Zweige Thymian
Pfeffer
160 g Gorgonzola

1 Die Zucchini waschen, mit einem Spiralschneider in lange Spiralen drehen. Das Mittelstück, das dabei übrig bleibt, hacken. Die Spaghetti in reichlich kochendem Salzwasser nach Packungsanweisung al dente kochen.

2 Inzwischen in einer beschichteten Pfanne das Öl erhitzen und die gehackten Zucchini darin andünsten. Zucchinispiralen dazugeben und kurz weiterdünsten.

3 Thymian waschen, trocken schütteln, die Blättchen von den Zweigen streifen und zusammen mit Salz und Pfeffer unter die Zucchini ziehen. Gorgonzola in kleine Würfel schneiden und darüberstreuen.

4 Die Spaghetti abgießen und dabei etwas Kochwasser auffangen. Nudeln und Kochwasser unter die Zucchini-Gorgonzola-Mischung in der Pfanne mischen. Warten, bis der Gorgonzola geschmolzen ist, nach Bedarf noch etwas Nudelwasser dazugeben und servieren.

Es begann mit Vitello tonnato. Dann ersetzte ich das Kalb durch Auberginen. Und irgendwann den Thunfisch durch Kichererbsen. Damit habe ich sogar Cornelius überzeugt, der keine Auberginen mag!

Gegrillte Auberginen
mit Hummus

———

Zubereitungszeit: 25 Min. | Ziehzeit: 30 Min. | Pro Portion ca. 330 kcal, 7 g E, 27 g F, 11 g KH

Für 6 Personen
2 Auberginen (à ca. 300 g)
Salz
100 ml Olivenöl
1 kleine Dose Kichererbsen
    (265 g Abtropfgewicht)
1 Bio-Zitrone
100 g Tahin (Sesampaste)
3–4 Zweige Thymian und
    Oregano
gemahlener Kreuzkümmel
1 Glas Kapern (90 g)
Pul Biber

VARIANTE
Schneller geht es mit
Cashewmus statt Hummus,
das mit heißem Wasser
und Zitronensaft cremig
gerührt wird.

1 Die Auberginen waschen, Stielansatz abschneiden und die Früchte längs in etwa 0,5 cm dicke Scheiben schneiden. Salzen, aufeinandersetzen und etwa 30 Min. Wasser ziehen lassen. Dann zusammenpressen, um Flüssigkeit herauszudrücken. Jede Scheibe mit Küchenpapier trocken tupfen.

2 Ein Backblech dick mit Öl einpinseln. Die Auberginenscheiben einzeln darin wenden und nebeneinanderlegen, ohne zu überlappen. Etwa 5–8 Min. unter den Grill schieben, bis sie gebräunt sind. Fächerartig auf einer großen, flachen Platte anrichten. Dann die nächste Portion ölen und grillen, bis alle Auberginen aufgebraucht sind.

3 Kichererbsen mit der Hälfte ihres Sudes, und dem übrigen Öl (50 ml) im Blitzhacker fein pürieren. Die Zitrone heiß abwaschen, abtrocknen und die Schale abreiben, Saft auspressen. Kräuter waschen, trocken schütteln und die Blättchen von den Stielen streifen. Saft, Schale, Kräuter und Tahin unter das Kichererbsenmus ziehen. Mit Kapernflüssigkeit und Kreuzkümmel abschmecken. Nach Bedarf noch etwas Wasser dazugeben.

4 Die Auberginen mit Hummus überziehen und mit Kapern und Pul Biber bestreuen. Abdecken und etwas ziehen lassen. Bleibt kühl gelagert 3 Tage frisch. Dazu passt Fladenbrot.

Linsen-Spinat-Curry

Mittags essen wir alle zusammen: Familie und Mitarbeiter. Eine anregende Mischung, bei der immer wieder neue Kreationen entstehen. So hatte ich eine spanisch-schwäbische Praktikantin, die Linsen, Spinat und Spätzle in einer Pfanne zusammenbrachte. Einfach köstlich.
Die Praktikantin ging – ihr Gericht blieb.

———

Zubereitungszeit: 30 Min. | Pro Portion ca. 312 kcal, 20 g E, 11 g F, 39,5 g KH

Für 4 Personen
1 Stück Ingwer (1 cm lang)
1 Knoblauchzehe
200 g Berglinsen
Salz
60 g Cashewkerne
700 g Blattspinat
1 Zwiebel
2–3 EL Öl
1 TL gemahlener Kreuz-
  kümmel
1 TL gemahlene Kurkuma
Chilipulver
2–3 EL Zitronensaft

1 Den Ingwer in Scheiben schneiden, Knoblauch schälen und halbieren. Mit den Linsen, 1 TL Salz und etwa 400 ml Wasser in einem Topf zum Kochen bringen und zugedeckt etwa 20 Min. bissfest garen.

2 Inzwischen die Cashewkerne in einer Pfanne ohne Fett anrösten, bis sie duften, dann im Blitzhacker fein pürieren.

3 Den Spinat waschen, putzen und grob hacken. Die Zwiebel schälen und in feine Würfel schneiden. Das Öl in einer großen Pfanne erhitzen und die Zwiebeln darin anbraten. Spinat, Kreuzkümmel und Kurkuma dazugeben, Deckel auflegen und den Spinat zusammenfallen lassen. Mit Salz würzen.

4 Linsen und Cashewmus mit der Spinatpfanne mischen, nach Belieben Ingwerscheiben und Knoblauch herausfischen. Mit Salz, Chili und Zitronensaft abschmecken. Dazu passen Spätzle.

TIPP
Saftiger wird´s,
wenn gewürfelte
Kirschtomaten
unter den Käse ge-
packt werden.

Gefüllter Kürbis

Das Rezept probierte ich zuerst für meine Zeitschrift »eathealthy« aus. Kam aufs Cover. Und tatsächlich: Schmeckt so perfekt wie es aussieht und ist supereinfach. Klappt auch mit zwei kleinen Kürbissen – dann hat jeder seine eigene Hälfte!

—

Zubereitungszeit: 15 Min. | Backzeit: 40 Min. | Pro Portion ca. 445 kcal, 14 g E, 26 g F, 49 g KH

Für 4 Personen

1 großer Hokkaido-Kürbis (ca. 1,4 kg)
1 Bund Petersilie
2 EL Rapsöl
Salz
Chiliflocken
1–2 TL getrockneter Thymian
1 Ofenkäse (à 200 g)
1 Handvoll Kürbiskerne

1 Den Backofen auf 160° vorheizen. Kürbis waschen, halbieren. Mit einem Löffel Kerne und Fasern entfernen. Die Petersilie waschen und trocken schütteln. Die Blätter abzupfen und grob hacken. Die Kürbishälften mit Öl einpinseln, salzen und mit der Schnittfläche nach unten auf ein mit Backpapier belegtes Backblech legen. Im Ofen (Mitte) 25 Min. vorgaren.

2 Die Kürbishälften wenden und innen mit Chiliflocken, Salz und Thymian würzen. Den Ofenkäse quer in zwei Scheiben schneiden, in die Kürbishälften setzen und für weitere 15 Min. fertig backen.

3 In den letzten 5 Min. die Kürbiskerne auf das Backblech streuen und mitrösten. Den gegarten Kürbis mit Petersilie und Kürbiskernen bestreuen und servieren.

Spätzle mit dem Hobel zu machen, habe ich erst in Freiburg gelernt.
Das ist wirklich supereinfach, selbst wenn man keine Übung im
Spätzleschaben hat! Und ermöglicht es, ganz unbemerkt eine Extraportion
Gemüse in die Spätzle zu mogeln.

———

Käse-Kürbis-Spätzle mit Lauch

Zubereitungszeit: 55 Min. | Pro Portion ca. 535 kcal, 25 g E, 19 g F, 69 g KH

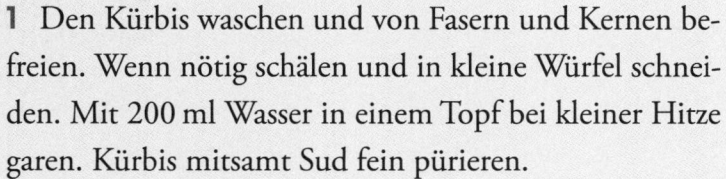

Für 4 Personen

ca. 400 g Kürbis
(300 g geputzt)
2 Stangen Lauch
2 EL Rapsöl
Salz
Pfeffer
320 g Weizenmehl
(Type 1050)
3 Eier
1 TL Currypulver
100 g Reibekäse

1 Den Kürbis waschen und von Fasern und Kernen befreien. Wenn nötig schälen und in kleine Würfel schneiden. Mit 200 ml Wasser in einem Topf bei kleiner Hitze garen. Kürbis mitsamt Sud fein pürieren.

2 Inzwischen den Lauch putzen, gründlich waschen und in feine Ringe schneiden. Öl in einer Pfanne erhitzen und die Lauchringe darin etwa 5 Min. anbraten, mit Salz und Pfeffer würzen.

3 Das abgekühlte Kürbispüree mit Mehl, Eiern, 1 TL Salz und Currypulver zu einem glatten Teig verrühren. Der Teig sollte eine dickflüssige Konsistenz haben. Beiseitestellen und zugedeckt 5–10 Min. quellen lassen.

4 In einem großen Topf leicht gesalzenes Wasser zum Kochen bringen. Den Teig portionsweise mit einem Spätzlehobel ins kochende Wasser reiben. Die Spätzle mit einer Schaumkelle herausheben, sobald sie an der Oberfläche schwimmen. In eine hohe Auflaufform geben und mit etwas Lauch und Reibekäse bestreuen. Portionsweise in dieser Reihenfolge weiter einschichten, bis alle Zutaten verbraucht sind. Mit Lauch und Reibekäse enden.

 **TIPP**

Für einen Spätzlehobel hat der Teig die richtige Konsistenz, wenn er schwer vom Löffel tropft. Für eine Spätzlepresse sollte er dicker sein. Fürs Spätzlebrett irgendwo dazwischen.

Brot
backen

Vom Luxus, selbst zu backen

Mein erstes Brot sah aus wie eine Riesenschildkröte. Ich backte es in unserer Münchner Studentenbude: Wir waren auf eine Party eingeladen, zu der jeder etwas mitbringen sollte. Ich hatte gar keine Erfahrung, fand den Teig schön und gut und musste dann erleben, dass sich mein schöner, praller Laib ausdehnte und verflachte. Schmeckte köstlich, sah aber nicht gelungen aus. Es folgten unendliche Versuche, die in der schlichten Erkenntnis endete: Soll das Vollkornbrot saftig sein, dann packe den Teig besser in eine Kastenform. Sieht nicht so urig aus, gelingt aber immer! Außerdem lassen sich so wunderbar Raspelgemüse, angekeimte Hülsenfrüchte oder eingeweichte Getreidekörner untermischen. Nach dem Motto »täuschen und tarnen« mogle ich so manch ungeliebte Zutat unter den Brotteig.

Wer kann schon frisch gebackenem Brot widerstehen? Ich tatsächlich nur, wenn Kümmel drin ist. Leider. In München war es unmöglich, dunkles Roggenbrot ohne Kümmel zu bekommen. Selbst wenn die Verkäuferin hoch und heilig schwor, dass »da nichts drin« sei – es schmeckte doch nach Kümmel. Also verzichtete ich lieber und backte mein eigenes Brot. Obwohl: Kümmel ist wirklich supergesund – lasst euch da von mir nicht verunsichern!

Hauchdünnes Chapati in Pakistan - köstlich!

Jahre davor machte ich Bekanntschaft mit der Urform des Fladenbrots. Meine Schwiegereltern lebten damals in Pakistan und weil wir für die Lufthansa arbeiteten, konnten wir öfter günstige Flüge ergattern und sie besuchen. Zum Essen gab es in eine frisch gebügelte Serviette eingeschlagenes Chapati, hauchdünne, noch heiße Brotfladen. Ich ließ es mir vom Koch zeigen: Das Mehl war nicht ganz weiß; heute würde ich sagen, es war Type 1050. Er verknetete es mit Wasser und Salz, ließ den Teig kurz ruhen und formte dann die dünnen Fladen, die er direkt auf der heißen Platte backte. Dabei tupfte er die Blasen, die sich hoben, mit einem Küchentuch platt. Frisch schmeckten die Fladen fabelhaft: Man tunkte damit die Currys. Nach dem Erkalten wurden sie knallhart. Bei einem Ausflug in ein Dorf im Himalaya erlebte ich dann einen Erdofen: ein rund gemauertes, sicher ein Meter tiefes Loch in der Erde – mit Deckel. Dort wurde erst ein Feuer abgebrannt. Dann umwickelte sich die Bäckerin Arm und Hand dick mit Lappen – eine Art Topflappen für den ganzen Arm. Sie formte aus Hefeteig runde Fladen und klatschte sie an die heißen Seitenwände. Deckel zu – und nach kurzer Zeit ließ sich das frische Naan von der Wand lösen. Einfach köstlich.

> **» Auf Reisen in den Himalaya und nach Pakistan lernte ich die für die indische Küche typischen Fladenbrote kennen: Naan und Chapati. «**

Mein Lieblingsbäcker

Nach der Geburt unserer Kinder und meinem Schritt in die Selbständigkeit hatte die Brotbäckerei erst einmal Pause. Das lag sicher auch an Bäcker Bühler zwei Straßen weiter, der nicht nur das typische helle Badische Brot besonders langsam gehen lässt, sondern auch wunderbares Sauerteigbrot backt. Und immer wieder neue

Rezepte ausprobiert – ganz ohne Fertigmischungen und Filialen. Mittlerweile hat er Samstag seinen Mitarbeitern zuliebe geschlossen, backt dafür aber am Freitag ein Baguette, das so langsam gegangen ist, dass es auch noch am Sonntag frisch schmeckt.

Das Geheimnis ist das langsame Gehen

Ein vollwertiges Brot ist die Grundlage einer gesunden Familienernährung. Es ermöglicht schnelle Mahlzeiten und versorgt gleichzeitig mit allem, was knapp sein könnte: Ballaststoffe, Eisen, Zink, Vitamin B1 und pflanzliches Eiweiß. Es ist für Veganer, Vegetarier und Flexitarier gleich geeignet. Die Keto-Mode hat Brot leider als Dickmacher in Verruf gebracht. Dabei sind es ja nicht die Getreidekörner an sich, die sich negativ auswirken, sondern vielmehr ihre Verarbeitung. Weißes Mehl mit Turbogehmittel im Blitzverfahren gebacken lässt den Blutzucker schnell steigen und löst Unverträglichkeiten aus. Vollkornbrot, in dem durch eine lange Gehzeit unverträgliche Stoffe wie Phytate abgebaut werden, sorgt für einen ausgeglichenen Blutzuckerspiegel, versorgt mit essenziellen Nährstoffen und wird bestens vertragen. Ob nun Weizen, Dinkel, Hafer oder Roggen, ist dabei eher nebensächlich. Haltbares Brot zu backen, war eine grandiose Erfindung unserer Vorfahren. Ich habe größte Achtung vor jeder Scheibe. Deshalb wandert altbackenes Brot bei uns in einen Leinensack, trocknet – und wird zu Croûtons oder Semmelbröseln.

» Ich finde: Wer keinen so tollen Bäcker vor Ort hat, für den lohnt sich das Selberbacken auf jeden Fall. «

Nächstes Ziel: selbst gebackenes Holzofenbrot

Inzwischen versuche ich, im antiken Holzbackofen in unserer Mühlenküche mein eigenes Holzofenbrot zu backen. Das bedeutet: einen

Jetzt sind die
Enkel dran: Kneten
und verzieren ist
einfach toll!

frei geformten Laib – vielleicht in einem Gärkorb gegangen – blitz-
schnell auf den heißen Steinboden zu bugsieren. Nachdem ich zu-
vor erstmal ein großes Feuer im Ofen abgebrannt habe – ganz wie
im Erdofen in Pakistan. Dass ich dabei die frisch renovierte Küche
schwärzte, steht auf einem anderen Blatt. Immerhin fanden wir heraus, dass unser antiker Ofen keinen Abzug hat, sondern lediglich
ein Loch in der Hinterwand. Daran müssen wir also noch arbeiten.
Und deshalb konzentriere ich mich im Moment doch eher auf meine
High-Tech-Öfen. Und stelle fest: Das Topfbrot klappt immer! Oder
das Fladenbrot aus der Pfanne. Vielleicht gibt es ja auch einen Back-
Urtrieb. Und den mit Brot statt Kuchen zu befriedigen, ist sicher
gesund. Deshalb gibt es bei uns immer ein Geburtstagsbrot, in der
Guglhupfform gebacken: ein Hit! Zumindest bei den Erwachsenen.

Dieses Rezept begeistert mich immer wieder,
weil es garantiert gelingt und so schön locker ist.

———

Brot im Topf

———

Zubereitungszeit: 30 Min. | Ruhezeit: 10 Std. | Backzeit: 45 Min. |

Pro Scheibe ca. 185 kcal, 7 g E, 2 g F, 33 g KH

Für 1 Brot

15 g frische Hefe
500 g Vollkorn-Dinkelmehl
500 g Weizenmehl
   (Type 1050)
20 g Salz
2 EL Öl
ca. 4 EL Haferkleie (ersatzweise feine Haferflocken)

Außerdem:

Bräter mit Deckel (am besten aus Gusseisen)

1 Am Vortag die Hefe in 50 ml lauwarmen Wasser auflösen. Mit beiden Mehlsorten, Salz und 500 ml kaltem Wasser 5 Min. in der Küchenmaschine verrühren. Nach Bedarf
noch etwas Wasser dazugeben. Der Teig sollte weich, aber
formbar sein und nicht mehr so stark kleben.

2 Den Teig in einer großen Schüssel mit Mehl bestäuben,
gut abdecken und im Kühlschrank über Nacht gehen lassen. Er sollte sein Volumen mindestens verdoppeln.

3 Am nächsten Tag eine große Schüssel einölen und mit
Haferkleie ausstreuen. Den Teig auf ein bemehltes Brett
stürzen und mit dem Teigspatel mehrmals von außen nach
innen einschlagen. Mit der Naht nach unten in die vorbereitete Schüssel geben und bei Zimmertemperatur 1–2 Std.
gehen lassen, bis er sein Volumen verdoppelt hat.

4 Inzwischen den Backofen auf 250° vorheizen und dabei
einen Bräter mit Deckel erhitzen. Den gegangenen Teig auf
ein großes Stück Backpapier stürzen. Vorsichtig den heißen
Bräter aus dem Ofen holen und den Teig samt Backpapier
in den Bräter befördern, Deckel auflegen.

5 Das Brot im Ofen (unten) 30 Min. backen. Dann den
Deckel abnehmen und weitere 15 Min. backen. Mit einem
Holzspieß die Garprobe machen. Das Brot aus dem Bräter
stürzen und auf einem Kuchengitter ausdampfen lassen.

Sauerteigbrot

Sauerteig ist Glaubenssache. Und ich gestehe: Meinen friere ich zwischendurch auch mal ein, wenn mir die Zeit zur Betreuung fehlt. Für manche unvorstellbar – aber bei mir klappt es.

———

Zubereitungszeit: 20 Min. | Ruhezeit: 1 Std. 30 Min. | Backzeit: 1 Std. |

Pro Scheibe ca. 160 kcal, 5 g E, 1 g F, 32 g KH

Für 2 Brote

Für 400 g Sauerteig:
285 g Vollkorn-Roggenmehl
Schraubglas mit Deckel (1 l
  Inhalt)

Außerdem:
350 g Weizenmehl
  (Type 1050)
350 g Vollkorn-Roggenmehl
10 g frische Hefe
20 g Salz

TIPP

Damit das Brot seine Form behält, könnt ihr eine Kastenform verwenden – dann darf der Teig auch ein bisschen weicher sein: Das macht das Brot lockerer.

1 Tag 1: 75 g Mehl mit 100 ml lauwarmem Wasser verrühren und 12 Std. zugedeckt bei Zimmertemperatur ruhen lassen, umrühren und weitere 12 Std. ruhen lassen. Tag 2–4: Täglich 70 g Mehl und 80 ml lauwarmes Wasser unterrühren, Deckel aufschrauben und je 24 Std. stehen lassen. Tag 5: Der Sauerteig ist fertig.

2 Alle Zutaten mit 600 ml lauwarmem Wasser in 5 Min. zu einem glatten Teig verarbeiten und etwa 30–40 Min. bei Zimmertemperatur zugedeckt in einer Schüssel ruhen lassen. Den Teig in 2 Portionen teilen und mithilfe eines Teigspatels zu runden Laiben ausformen.

3 Zwei Schüsseln jeweils mit einem Tuch auslegen und sehr gut mit Mehl einstäuben. Die vorbereiteten Teiglaibe mit der Naht nach oben in das Tuch legen und zugedeckt an einem warmen Ort 30–40 Min. entspannen lassen.

4 Den Backofen auf 240° vorheizen. Die ausgegorenen Teiglaibe auf ein Backblech setzen und etwa 5–10 Min. gehen lassen. Im heißen Ofen (unten) etwa 1 Std. backen; die Temperatur nach etwa 40 Min. auf 200° reduzieren.

Portionen im Glas finde ich einfach toll als Vorrat zum Mitnehmen.
Denn im Glas bleibt das Brot frisch.

Rüblibrot aus dem Glas

Zubereitungszeit: 20 Min. | Ruhezeit: 45 Min. | Backzeit: 20 Min. |

Pro Portion ca. 370 kcal, 14 g E, 7 g F, 59 g KH

Für 6 Gläser
200 g Möhren
1 kleiner Apfel
50 ml Apfelsaft
1 Päckchen Trockenhefe
500 g Vollkorn-Dinkelmehl
1 TL Salz
2 TL gemahlene Kurkuma
40 g Sesam
Öl zum Einfetten

Außerdem:
Mehl zum Arbeiten
6 Twist-off-Gläser
   (à 300 ml Inhalt)

1 Die Möhren waschen, wenn nötig schälen und mit der Küchenmaschine oder dem Mixer fein raspeln. Den Apfel waschen, vierteln, das Kerngehäuse entfernen und die Spalten mitsamt Schale fein reiben.

2 Den Apfelsaft leicht erwärmen, die Hefe darin auflösen. Mehl, Salz, Kurkuma, Möhren- und Apfelraspel mischen. Die aufgelöste Hefe und nach und nach ca. 200 ml lauwarmes Wasser hinzufügen. Den Teig gut 5 Min. durchkneten, mit Mehl bestäuben, abdecken und an einem warmen Ort etwa 45 Min. gehen lassen.

3 Den Teig nochmals durchkneten, dabei den Sesam einarbeiten. Den Backofen auf 180° vorheizen. 6 Gläser dünn mit Öl einpinseln.

4 Den Teig auf die Gläser verteilen. Darauf achten, dass das obere Drittel frei bleibt. Die Gläser offen im Ofen (Mitte) ca. 20 Min. backen. In den letzten 5 Min. die Deckel im Ofen miterhitzen. Nach dem Backen die Gläser noch heiß verschließen. Dicht verschlossen und kühl und dunkel gelagert hält das Brot mindestens 6 Wochen.

Bäcker Bühler hat mich auf den Geschmack von Focaccia gebracht. Seither liebt die ganze Familie das pikante Gebäck.

Focaccia

—

Zubereitungszeit: 35 Min. | Ruhezeit: 1 Std. 5 Min. | Backzeit: 35 Min. |

Pro Stück ca. 195 kcal, 4 g E, 9 g F, 24 g KH

Für etwa 16 Stück

500 g Weizenmehl
   (Type 1050)
20 g frische Hefe
2 EL Honig
200 g kleine Datteltomaten
250 g Zucchini
je 3–4 Zweige Rosmarin,
   Thymian und Oregano
15 g Salz
100 ml Olivenöl
100 g Oliven

Außerdem:

Mehl zum Arbeiten

1 Das Mehl in eine große Schüssel geben und in die Mitte eine Kuhle drücken. Hefe und Honig in 50 ml warmem Wasser auflösen. Mischung in die Kuhle gießen und mit so viel Mehl vermengen, dass eine cremige Masse entsteht. Zugedeckt 15 Min. im Warmen stehen lassen.

2 Die Tomaten und die Zucchini waschen. 150 g Zucchini grob raspeln. Die Kräuter waschen und trocken schütteln. Die Nadeln beziehungsweise Blättchen abstreifen. Die Hälfte beiseitelegen, die andere Hälfte fein hacken.

3 Zucchiniraspel, gehackte Kräuter, Salz, 50 ml warmes Wasser und 50 ml Olivenöl zum Mehl geben und mischen. Den Teig auf der bemehlten Arbeitsfläche etwa 5 Min. kneten, bis er elastisch wird und nicht mehr klebt. Mit Mehl bestäuben und ca. 20 Min. gehen lassen.

4 Teig ausrollen und auf ein mit Backpapier ausgelegtes Blech legen, die Kräuter darauf verteilen. Übriges Öl mit 50 ml warmem Wasser mischen. Auf dem Teig verteilen, mit den Fingerspitzen eintupfen. Den Teig weitere 30 Min. gehen lassen. Warten, bis er leicht blasig wird.

5 Den Backofen auf 170° vorheizen. Restliche Zucchini in Scheiben schneiden und mit Oliven, Kräutern und Tomaten in den Teig hineindrücken. Im Ofen (unten) etwa 35 Min. goldbraun backen.

Im benachbarten Elsass gibt es Gugelhupf, der ein bisschen süß und ein bisschen salzig schmeckt. Hier eine Version für meine Familie, die es eher pikant mag. Toll fürs Picknick und bleibt auch ein paar Tage saftig!

—

Oliven-Gugelhupf

———

Zubereitungszeit: 25 Min. | Ruhezeit: 1 Std. 15 Min. | Backzeit: 1 Std. 20 Min. |

Pro Scheibe ca. 350 kcal, 8 g E, 24 g F, 22 g KH

Für 1 Gugelhupf (ø 22 cm)
300–350 g Weizenmehl
  (Type 1050)
30 g frische Hefe
150 ml Weißwein
150 g Olivenöl
1 TL Salz
3 Eier
Fett für die Form
150 g Walnusskerne
250 g Zucchini
2 Zweige Oregano
5 getrocknete
  Tomaten in Öl
50 g schwarze und
  50 g grüne Oliven

1 Das Mehl in eine Schüssel geben und in die Mitte eine Mulde drücken. Die Hefe in die Mulde bröseln, mit 4 EL Wein verrühren und ca. 15 Min. gehen lassen.

2 Übrigen Wein, Öl, Salz und nach und nach die Eier mit dem Knethaken eines Handrührgeräts oder einer Küchenmaschine in 5 Min. zu einem glatten Teig verkneten, der nicht mehr klebt. Den Teig zugedeckt im Warmen 1 Std. gehen lassen, bis der Teig sein Volumen verdoppelt hat.

3 Eine Gugelhupfform einfetten und unten jede Furche mit einer Walnusshälfte auslegen. Zucchini waschen und grob raspeln. Übrige Nüsse grob hacken. Oregano waschen, trocken schütteln und die Blättchen von den Stielen streifen. Tomaten und Oliven hacken.

4 Die vorbereiteten Zutaten unter den gegangenen Teig kneten. Den Teig in die gefettete Form geben und einige Male auf die Arbeitsfläche stoßen, damit sich auch kleine Luftkammern füllen. Den Gugelhupf in den kalten Backofen stellen.

5 Den Ofen auf 180° einstellen und den Gugelhupf etwa 1 Std. 20 Min. darin backen. Nach der Hälfte der Backzeit mit Backpapier abdecken. Den Gugelhupf noch heiß auf ein Kuchengitter stürzen und ausdampfen lassen.

TIPP
Eine feuerfeste
Schale mit Wasser
mit in den Back-
ofen stellen.

Bunter Hefezopf

Das Rezept hat mir meine fabelhafte neue Wunderküche beschert. Genauer gesagt der ganz spezielle Backofen. Ich liebe es. Aber mit dem High-Tech-Gerät stehe ich immer noch auf Kriegsfuß.

————

Zubereitungszeit: 30 Min. | Ruhezeit: 1 Std. | Backzeit: 30 Min. |

Pro Scheibe ca. 190 kcal, 5 g E, 7 g F, 28 g KH

Für 1 Hefezopf
½ Würfel frische Hefe
90 ml lauwarme Milch
250 g Mehl
Salz
40 g Zucker
50 g weiche Butter
1 Ei
1–3 TL Tomatenmark, Mat-cha-Pulver oder gemahlene Kurkuma zum Färben

1 Die Hefe unter Rühren in der lauwarmen Milch auflösen. Hefemilch mit Mehl, 1 Prise Salz, Zucker, Butter und Ei in 3–4 Min. zu einem glatten Teig verkneten.

2 Den Teig in 3 gleich große Portionen teilen und jeweils die gewünschte Farbe einarbeiten. Teigportionen einzeln auf ein Backblech legen ca. 30 Min. gehen lassen.

3 Aus jeder Teigportion eine 30 cm lange Rolle formen, daraus einen Zopf flechten und diagonal auf das Backblech legen. Teig erneut ca. 30 Min. gehen lassen. Backofen auf 180° (Heißluft) vorheizen.

4 Den Hefezopf im Ofen (Mitte) ca. 30 Min. backen.

TIPP
Wenn ihr den Teig über Nacht gehen lasst, reicht ein halbes Päckchen Hefe.

Naan

Das beste Naan habe ich im Norden Pakistans auf dem Dorf gegessen:
Der Teig wurde an die heißen Wände des Ofenlochs geklebt, das senkrecht
in den Boden gemauert war. Zum Glück klappt
es auch ganz einfach in der Pfanne.

———

Ruhezeit: 1 Std. | Zubereitungszeit: 30 Min. | Backzeit: 15 Min. |

Pro Stück ca. 215 kcal, 8 g E, 4 g F, 36 g KH

Für 10 Stück
500 g Dinkelmehl
(Type 1050)
1 Päckchen Trockenhefe
1 TL Rohrzucker
1 TL Salz
Fenchelsamen
Kreuzkümmel
1–2 EL Butter
375 ml Buttermilch

1 Dinkelmehl abwiegen und mit der Hefe und dem Rohrzucker mischen. Gewürze hinzugeben. Achtung: Fenchelsamen schmecken sehr intensiv. Wer den Geschmack nicht mag, besser weglassen.

2 Butter in einem Topf schmelzen und die Hälfte der Buttermilch darin erwärmen. Übrige Buttermilch hinzufügen.

3 Den lauwarmen Buttermilchmix zur Mehlmischung hinzufügen und mit dem Handrührgerät 5–10 Min. gut durchkneten. Der Teig sollte nicht mehr kleben. Nach Bedarf noch etwas Mehl hinzufügen. Den Teig zudecken und an einem warmen Ort ca. 1 Std. gehen lassen.

4 Nach dem Gehen den Teig in 10 Portionen teilen und nacheinander mit dem Handballen oder dem Nudelholz zu ca. 1 cm dicken Fladen ausformen. Nach Bedarf noch etwas Mehl dazugeben. Eine Pfanne ohne Fett erhitzen und die Fladen darin nacheinander von jeder Seite 2–3 Min. backen. Wird der Fladen langsam dunkel, wenden.

Gesund und munter

Essen als Heilmittel

Als Kind liebte ich es, krank zu sein. Dann gab es immer herrliches Zucker-Ei: Dazu wurde das Eigelb mit Zucker geschlagen. Dann Orangenstückchen: Auch gezuckert – mmmh! Und Sternchensuppe mit Eierstich und – auf dem Wege der Besserung – Rahmschnitzel. Heute hätte wohl nur das Süppchen eine Chance. Trotzdem: Alles hat gewirkt. Denn es war Wunschkost, frisch zubereitet und liebevoll ans Bett gebracht. Päppeln eben. Genauso habe ich das bei unseren Kindern gemacht – wenn auch mit etwas anderen Rezepturen. Das war vor allem beim Pfeifferschen Drüsenfieber dringend nötig: Unser zarter Ältester schwand buchstäblich dahin. Ich bereitete fast stündlich eine Kleinigkeit, fütterte ihn – auch wenn es nur ein paar Löffel waren. Und ganz langsam kam er wieder zu Kräften. Auch meiner krebskranken Mutter half die Hafergrütze aus der Thermobox – im Krankenhaus war es schon damals nicht möglich, so etwas frisch zu kochen. Dabei kann das richtige Essen, frisch und in kleinen Portionen gefüttert, tatsächlich die Lebensgeister wieder wecken, Abwehrkräfte stärken und Krankheiten milder verlaufen lassen. Das schafft man nicht mit ein paar trockenen Keksen und kaltem Tee am Bett! Natürlich gibt es für jede Krankheit das richtige Essen.

Beim Pfeifferschen Drüsenfieber musste es vor allem kalorienreich sein – durch gute Fette und gesunde Kohlenhydrate. Eiweiß ist bei Fieber eher kontraproduktiv: Sein Stoffwechsel erhöht die Körpertemperatur. Während der Erholungszeit ist es dagegen sehr wichtig: Joghurt, Quarkspeise, das legendäre Rahmschnitzel und pochierter Fisch sind da ideal.

Cola oder Tee – hier scheiden sich die Geister

Bei Husten, Schnupfen, Halsentzündung sind frische, säurearme Früchte, milde Gemüse, Eis und vitaminreiche, leichte Kost perfekt. Übrigens auch Senföle in Kresse, Meerrettich, Radieschen und Kohl. Statt Orangenspalten würde ich heute eher Paprikasticks schneiden: Die haben erheblich mehr Vitamin C – und weniger Zucker! Oder gleich Smoothies mixen.

Durchfall, Übelkeit, Erbrechen kommen bei Kindern häufig vor: Ihr Verdauungssystem ist noch nicht so robust. Da gibt es die Geriebener-Apfel-Tee-Zwieback-Fraktion. Und die Salzstangen-Cola-Fans. Theoretisch neige ich zur ersten Diät: Das Pektin im Apfel bindet die Flüssigkeit im Darm, Tee regt den Kreislauf an und ersetzt mit einer Prise Salz und ein wenig Zucker oder Fruchtsaft die verlorenen Mineralstoffe, und Zwieback liefert sehr leicht verdauliche und gut verträgliche Energie. Praktisch hat aber die zweite Diät bei uns oft besser funktioniert, weil die Kinder sie toller fanden. Salzstangen und Cola – das ist ja eher Partykost und war als solche heiß begehrt. Wissenschaftliche Belege für ihre Wirkung existieren nicht – im Gegenteil. Aber es ist ja die Kraft der Zuwendung, die sich überträgt und den Lebenswillen stärkt, die jeden Kranken, vor allem jedes kranke Kind, aufbaut und wieder gesund macht.

» Mein Fazit: Seid nicht dogmatisch, fragt das kranke Kind nach seinen Wünschen und beobachtet, wie sein Körper reagiert. Dann könnt ihr nichts falsch machen. «

Der Umgang mit Unverträglichkeiten

Aber Essen kann nicht nur gesund, sondern auch krank machen. Wenn man allergisch auf etwas ist, es nicht verträgt, davon krank wird, ohne wirklich krank zu sein. Das ist die andere Seite der Medaille, die leider immer wichtiger wird. Die Grenze ist fließend, trotzdem greifen diese Ernährungsprobleme tief in unseren Ess-Alltag und auch in die Gesundheit ein. Was in meiner Kindheit noch kein Thema war, ist mittlerweile zu einem großen Problem auch in Familien geworden. Wobei ich manchmal nicht weiß: Ist nur die Empfindlichkeit gestiegen oder sind wir einfach zu vielen Reizen ausgesetzt, mit denen unser Körper nicht mehr klarkommt?

Wir sind eine echte Allergiker-Familie. Schon meine Mutter hatte Heuschnupfen, meine Schwiegermutter Neurodermitis. Kein Wunder, dass wir auch beide diese Probleme hatten – und unseren Kindern vererbten. Lebensmittelunverträglichkeiten und Heuschnupfen, Hausstaubmilben- und Sonnenallergie.

> **» Das ist oft die Kehrseite von »Diäten«: Durch Vermeidung wird die Kost einseitig und es kann sogar zu einem Mangel an einzelnen Nährstoffen kommen. «**

Aber vielleicht haben meine eigenen Erfahrungen mir auch geholfen, gelassener mit dem Thema Unverträglichkeiten umzugehen. Und natürlich mein Schlüsselerlebnis mit Cornelius, für den nach einer Weile jedes Essen gefährlich geworden war. Was auch gut war: Mit drei Kindern und intensiver Berufstätigkeit beider Eltern schafft man es einfach nicht, auf jedes kleine Anzeichen zu reagieren und unterschiedliche Diäten durchzuführen, die auf den individuellen Esstyp abgestimmt sind. Ganz abgesehen davon, dass es gar nicht so einfach ist, Marotten von echten Problemen zu unterscheiden. Nachdem Cornelius auf Fisch allergisch reagierte, beschlossen die kleinen Brüder kurzerhand, dass auch sie Fisch nicht vertrugen. Tja.

Beim Backen war die Welt in Ordnung: Zucker ist nicht toll – aber eine Allergie dagegen gibt es nicht.

Rücksichtnahme gehört dazu

Als kürzlich unser Jüngster Reizdarm-Symptome entwickelte, hat mich das erst ganz schön gestresst. Dann stellte ich fest, dass es den Familientisch nicht sprengt, wenn man auch mal ein glutenfreies Brot backt, mehr Kartoffeln und Reis serviert und eher sanft dämpft und dünstet statt schmort und brät. Empfindlichkeiten, Unverträglichkeiten und Allergien sind ein Teil unseres Lebens. Sie sind nicht heilbar, aber man kann sie begrenzen, wenn man sie begreift, sie einbaut in den Alltag und auf sie Rücksicht nimmt. Ohne sich von ihnen beherrschen zu lassen. Denn das würde das Ende der gemeinsamen Familienmahlzeit bedeuten. Und die hat für mich eben doch absoluten Vorrang.

TIPP
Am besten gleich
das doppelte
Rezept auf Vorrat
backen und ein-
frieren.

Knusperwaffeln

Wenn ein Magen-Darm-Infekt länger dauert, schmeckt irgendwann nichts mehr. Frische Waffeln machen wieder Appetit. Und sind durch etwas Kümmel und wenig Fett leicht verdaulich und beruhigend. Als Beilage die Waffeln toasten und für den Rest der Familie mit Butter bestreichen.

———

Zubereitungszeit: 30 Min. | Quellzeit: 1 Std. | Pro Stück ca. 245 kcal, 4 g E, 8 g F, 37 g KH

Für 8 Stück
200 g Weizenmehl
   (Type 1050)
200 g Maismehl
2 TL Salz
1 TL gemahlener Kümmel
   (ersatzweise Fenchel-
   samen)
3 TL Backpulver
5 EL Rapsöl
1 Ei

Außerdem:
Waffeleisen

1 Das Weizenmehl mit Maismehl, Salz, Kümmel und Backpulver mischen. Nach und nach 500 ml Wasser, 3 EL Öl und das Ei hinzufügen und alles zu einem dickflüssigen Teig verrühren. Teig ca. 1 Std. quellen lassen.

2 Waffeleisen mit etwas Öl einpinseln. Aus dem Teig nacheinander 8 Waffeln backen.

3 Die Waffeln auf einem Kuchengitter abkühlen lassen und in einer Blechdose kühl und trocken aufbewahren.

TIPP
Einen Teil der Kartoffeln erst in die Suppe pressen, wenn sie angerichtet ist.

Magenpflastersuppe

Möhrenpüree hat die Fähigkeit, Flüssigkeit im Darm zu binden. Davon bekommen Babys manchmal Verstopfung. Bei Durchfall hilft es! Die Kartoffeln sind leicht verdaulich und machen satt. Salz ersetzt die verlorenen Mineralstoffe.

———

Zubereitungszeit: 40 Min. | Pro Portion ca. 80 kcal, 4 g E, 0 g F, 16 g KH

Für 2 Kinder
200 g mehligkochende
   Kartoffeln
Salz
200 g Möhren
1–2 TL Zitronensaft
1 TL Sojasauce

Außerdem:
Kartoffelpresse

1 Kartoffeln waschen und mit Schale in wenig Salzwasser in 30 Min. weich garen.

2 Inzwischen die Möhren waschen, schälen und klein schneiden. 350 ml Wasser mit knapp ½ TL Salz zum Kochen bringen. Möhren dazugeben und zugedeckt bei mittlerer Hitze in etwa 20 Min. garen.

3 Möhren mitsamt Sud fein pürieren. Die Kartoffeln pellen und durch die Kartoffelpresse in die Suppe drücken. Mit Zitronensaft und Sojasauce abschmecken.

TIPP
Wenn Schlucken
schwerfällt, die
Bouillonkartoffeln
mit etwas Butter
zerstampfen.

Putenbrust mit Bouillonkartoffeln

Bei Fieber wirkt Eiweiß negativ. Aber in der Erholungsphase spielt es eine wichtige Rolle für den Zellaufbau. Gut, wenn es wie in diesem Rezept leicht verdaulich zubereitet wird.

———

Zubereitungszeit: 55 Min. | Pro Portion 350 kcal, 41 g E, 7 g F, 31 g KH

Für 4 Personen
½ Bio-Zitrone
Salz
600 g Putenbrust am Stück
1 Bund Schnittlauch
500 ml Hühnerbrühe
2 Lorbeerblätter
600 g Möhren
800 g festkochende
  Kartoffeln
2 EL Rapsöl

1 Die Zitrone heiß abwaschen und abtrocknen. Die Schale abreiben und den Saft auspressen. Schale und Saft mit Salz auf der Putenbrust verteilen. Den Schnittlauch waschen, trocken schütteln und in Röllchen schneiden.

2 Die Brühe in einem Topf erhitzen. Fleisch und Lorbeerblätter dazugeben, einmal aufkochen und zugedeckt bei kleiner Hitze in etwa 30 Min. gar ziehen lassen.

3 Möhren und Kartoffeln waschen, schälen und in 2 cm große Würfel schneiden. Das gegarte Fleisch aus der Brühe nehmen. Gemüse im Öl andünsten und heiße Brühe dazugießen. Bei mittlerer Hitze 10–15 Min. mit halb aufgesetztem Deckel gar ziehen lassen.

4 Putenbrust dünn aufschneiden und mit den Bouillonkartoffeln anrichten. Schnittlauchröllchen aufstreuen.

Aufbau-Eis

Bei Halsweh ist Eis eine Wohltat, die hilft, die Entzündung zu dämpfen. Bei Fieber sind leicht verdauliche Kohlenhydrate wichtig – und Vitamine. Außerdem helfen Ballaststoffe, die Darmmikrobiota wieder aufzubauen, die für die Abwehrkräfte wichtig sind. Tee regt den Kreislauf sanft an.

———

Zubereitungszeit: 10 Min. | Quellzeit: 30 Min. | Gefrierzeit: 6 Std. |
Pro Stück ca. 110 kcal, 1 g E, 2 g F, 25 g KH

Für 8 Stück
1 Stück Ingwer (1,5 cm lang)
1 Beutel Schwarztee
150 g Soft-Aprikosen
150 g Soft-Datteln
200 ml Sanddornsaft
200 ml frisch gepresster
    Orangensaft
½ TL gemahlene Kurkuma

Außerdem:
8 Eisförmchen
    (ca. 90 ml Inhalt)

1 Den Ingwer schälen und in dünne Scheiben schneiden. Mit 250 ml Wasser aufkochen. Den Teebeutel damit überbrühen und 3 Min. ziehen lassen.

2 Inzwischen Aprikosen und Datteln klein schneiden und in den heißen Tee geben. Beutel entfernen, Früchte etwa 30 Min. quellen lassen.

3 Den Frucht-Tee-Mix im Blitzhacker sehr fein pürieren, mit Sanddorn- und Orangensaft sowie Kurkuma mischen und in Eisförmchen füllen. Stehend mindestens 4 Std. im Tiefkühlfach gefrieren lassen.

Apfelmus

Während roh geriebener Apfel gegen Durchfall wirkt, hilft gekochtes Apfelmus bei der Verdauung. Vor allem, wenn es ohne Zucker und mit Schale und Trockenfrüchten gekocht wird. Gleich für den Vorrat einwecken!

———

Zubereitungszeit: 40 Min. | Pro Portion ca. 155 kcal, 1 g E, 1 g F, 35 g KH

Für 4 Twist-off-Gläser
800 g Äpfel
10 Soft-Datteln
1 Zimtstange (Ceylon-Zimt)
250 ml heller Traubensaft

Außerdem:
Schnellkochtopf
4 Twist-off-Gläser mit
   Deckel (à 250 ml)

1 Die Äpfel waschen, Kerngehäuse entfernen und die Äpfel mit Schale in grobe Stücke schneiden. Die Datteln grob hacken. Mit der Zimtstange in einen Topf geben. Traubensaft hinzufügen. Alles aufkochen und mit Deckel etwa 30 Min. kochen, bis die Äpfel weich sind. Immer wieder umrühren und bei Bedarf etwas Wasser nachgießen.

2 Wenn die Äpfel ganz weich sind, die Zimtstange herausfischen. Die Äpfel im Mixer zu einem cremigen Mus pürieren. In die vorbereiteten Schraubgläser füllen, mit Deckel verschließen.

3 In den Schnellkochtopf etwa 300 ml Wasser füllen, Siebeinsatz auf den Topfboden stellen und die Gläser hineinsetzen. Auf Stufe 1 1–2 Min. kochen, abkühlen lassen.

Familien-
feste

La Grande Bellezza!
Oder: Die große Runde

Was wäre eine Familie ohne ihre großen Feste? Sie schaffen gemeinsame Erinnerungen und setzen Glanzlichter in den Alltag, und genau das hält eine Familie zusammen. Außerdem feiert man bei jedem Fest auch ein wenig sich selbst, erlebt sich als Teil eines Ganzen und stärkt so das Wir-Gefühl. Feste spielen eine große Rolle in unserer Familie.

Übernommen habe ich das sicher vom siebenbürgischen Teil meiner Familie – die Wuppertaler waren nicht feierfreundlich – und traf auf die altmärkisch-pommersche Tradition meiner Schwiegerfamilie. Hier konnte ich mich austoben! Und so bereitete ich für den 65. Geburtstag meines Schwiegervaters in der Mühle ein »Gabelfrühstück« für 100 Gäste zu. Ich erwartete Nici, unser Mittelkind, fühlte mich blendend und kochte, sott und briet eine Woche im Voraus, was das Zeug hielt. Die Familie war begeistert. Und ich war motiviert. Sicher half es auch, dass meine Schwiegermutter alles toll fand, was ich machte, mir völlig freie Hand ließ – und sich voller Panik lieber ins Bett zurückzog, wenn es brenzlig wurde. Mein Schwiegervater dagegen packte mit an und spülte Gläser bis in den frühen Morgen, weil er als Hausherr sowieso als Letzter zu Bett gehen musste.

Grund zum Feiern gibt es immer

Edgar und ich hatten uns im Grundkurs für Flugbegleiter bei der Deutschen Lufthansa kennengelernt. Und flogen danach meist einen langen Interkontinental-Umlauf pro Monat gemeinsam. Edgar auf seiner Position als kochender R1 und ich im Service als 2L oder 2R (die Buchstaben stehen für rechte oder linke Sitzreihe, das wissen natürlich nur Interne!) – beides in der First Class.

Seither sind wir ein tolles Team, wenn es um Feste und Gäste geht. Richtig viel Übung bekamen wir dann beim Lufthansa Partyservice während des Studiums in München. Zum Glück hatten wir eine große Altbauwohnung und genossen es, nicht mehr so viel unterwegs zu sein. Grund zum Feiern gab es eigentlich immer. Doch meist waren wir knapp bei Kasse. Deshalb gab es statt Braten eine riesige Terrine – die Form aus dem Elsass bekamen wir zur Hochzeit. Ich besorgte damals Schinkenreste, Leber und ein wenig edles Fleisch beim Hertie am Stachus – und fabrizierte mit meiner Moulinette und viel Sahne und Portwein die Farce, die ich mit Backpflaumen oder Pilzen einschichtete.

> **» Wenn es um Feste geht, sind mein Mann Edgar und ich seit unserer Studienzeit in München ein tolles Team. «**

Panikkäufe verbiete ich mir

Die meisten Feste feierten wir aber in unserer Alten Mühle im Markgräfler Land – eine Art Familienhaus – und das ist auch so geblieben. So legten wir Nicis Taufe auf den 1. Januar und luden die besten Freunde und Paten ein, um vorher gemeinsam Silvester zu feiern. Die Party war grandios – aber am Morgen des Tauftags war ich völlig fertig und wurde mit Kreislauftröpfchen wiederbelebt. Für das abendliche Tauf-Dinner hatte ich zum Glück alles vorbereitet: Als Vorspeise gab es für jeden eine ganze Artischocke zum Zupfen mit

Basilikum-Guacamole. Klingt mühsam, ist aber gut vorzubereiten – in den Mengen übrigens am besten im Schnellkochtopf.

Das ist überhaupt der springende Punkt: die Organisation und der Einkauf. Denn wenn man für mehr Personen als üblich kochen soll, dann taugen die eigenen Erfahrungswerte nichts. Die Tendenz zu Panikkäufen – vor allem in letzter Minute – ist groß. Ich muss regelmäßig Edgar (und mir) verbieten, kurz vorher noch etwas einzukaufen. Denn das, was zugekauft wird, bleibt in der Regel übrig. Lieber die Mengen ganz nüchtern durchrechnen und eisern dabei bleiben. Nichts hasse ich mehr, als nach dem Fest Berge von Resten einzufrieren und die nächsten Tage davon zu leben.

Pleiten, Pech und Pannen

An einige Pannen erinnere ich mich besonders gut. Zum Beispiel das Spargelragout für 40 Gäste zum Geburtstag meiner Schwiegermama. Ich hatte das Spargelschälen ungarischen Hilfen überlassen.

» Wenn man für viele kocht, ist Organisation und Einkauf der springende Punkt – ohne geht es einfach nicht. «

Und musste im fertigen Ragout feststellen: voll holziger Schale. Denn sie fanden: Schade um den schönen Spargel, den sie so nicht kannten. Das hieß: Spargel wieder herausfischen, nachschälen ... die Gäste haben zum Glück nichts gemerkt.

Oder das Festmenü zu Edgars 50. Geburtstag: geschmorte Rinderbäckchen, in drei Öfen auf dem Hof verteilt. Als ich sie mit Cornelius kurz vor Eintreffen der Gäste testete, waren wir entsetzt: »Langkaufleisch«, das familiäre vernichtende Urteil für zähen Braten. Katastrophe! Aber nicht zu ändern und mit Happy End. Denn bis es tatsächlich den Hauptgang gab, waren – oh Wunder – die Rinderbäckchen butterzart! Doch so große Ereignisse sind auch bei uns selten. Familienfeste im kleineren Kreis dagegen häufiger.

Feiern mit vielen Gästen macht mir seit jeher viel Spaß.

Das gemeinsame Essen ist immer noch die Feuerstelle der Familie, um die sich alle gerne versammeln. Die Frage nach dem Wunschessen liegt über jedem Wiedersehen und ist der Genuss-Kitt, der über die erste Fremdheit nach längerer Trennung hinweghilft. Jede Familie schafft sich da ihre eigene Tradition. Auch wenn es manchmal anstrengend ist: Es lohnt sich und ist in meinen Augen durch nichts zu ersetzen.

Kürbiscremesuppe

Zubereitungszeit: 35 Min. | Pro Portion ca. 305 kcal, 7 g E, 17 g F, 39 g KH

Für 4 Personen
1 Hokkaido-Kürbis (ca. 1 kg)
1 Zwiebel
2 Knoblauchzehen
2 EL Butter
Salz
2 EL Kürbiskerne
200 g Sahne
Pul Biber

1 Den Kürbis waschen und halbieren. Kerne und Fasern entfernen und den Kürbis grob zerteilen. Zwiebel und Knoblauch schälen. Die Zwiebel grob in Würfel schneiden, den Knoblauch hacken.

2 Die Butter in einem Topf erhitzen, Kürbis, Zwiebel und Knoblauch darin ca. 5 Min. andünsten. Mit 1 l Wasser ablöschen und salzen. Kürbismix in ca. 15 Min. weich garen.

3 Inzwischen die Kürbiskerne in einer Pfanne anrösten. Die Suppe pürieren und mit Sahne, Salz und Pul Biber abschmecken. Kerne als Topping auf die Suppe streuen.

Pilzessenz

—

Zubereitungszeit: 50 Min. | Ruhezeit: 6 Std. | Pro Portion ca. 40 kcal, 6 g E, 1 g F, 2 g KH

Für 4 Personen
2 Thymianzweige
1 kg braune Champignons
Salz
Pfeffer
1 Knoblauchzehe
1 Lorbeerblatt
Worcestersauce

Außerdem:
Mulltuch

1 Thymian waschen, trocken schütteln, die Blättchen abstreifen. Champignons putzen, 2–3 schöne Pilze beiseitelegen, den Rest im Blitzhacker zermusen. Mit 1 TL Salz, Pfeffer und Thymian mischen, in eine Schüssel füllen, mit einem Tuch abdecken und im Kühlschrank mindestens 6 Std. ziehen lassen, zwischendurch umrühren.

2 Knoblauch schälen und in Scheiben schneiden. Den Pilzbrei mit Knoblauch, Lorbeer und 500 ml Wasser 30 Min. bei kleiner Hitze sanft köcheln lassen. Durch ein Mulltuch gießen und gut ausdrücken. Die Essenz mit Salz und Worcestersauce abschmecken. Übrige Pilze fein hobeln, auf die Essenz streuen und servieren.

Lachstatar

Zubereitungszeit: 20 Min. | Pro Portion ca. 210 kcal, 19 g E, 14 g F, 1 g KH

Für 4 Personen
1 Bio-Limette
2–3 Frühlingszwiebeln
400 g Lachsfilet
Salz
Pfeffer
1 Stück Ingwer (2–3 cm lang)

1 Limette heiß abwaschen und abtrocken. Die Schale abreiben und den Saft auspressen. Die Frühlingszwiebeln waschen, putzen und in feine Ringe schneiden. Das Lachsfilet von der Haut befreien und sehr fein würfeln.

2 Lachs mit Limettensaft und -schale, Salz und Pfeffer mischen. Auf einer Platte anrichten. Den Ingwer in kleinen Portionen in die Knoblauchpresse geben und über den Lachs pressen. Mit den Frühlingszwiebeln bestreuen und mit Brot servieren.

Gefüllte Eier

—

Zubereitungszeit: 35 Min. | Pro Portion ca. 175 kcal, 11 g E, 14 g F, 2 g KH

Für 4 Personen
6 Eier
½ Bund Schnittlauch
2 EL Kapern
2 EL Crème fraîche
2–3 TL mittelscharfer Senf
Salz
Pfeffer
frisch geriebene Muskat-
nuss

Außerdem:
Spritzbeutel mit Sterntülle

1 Die Eier in 7–8 Min. kernweich kochen, abschrecken, pellen und abkühlen lassen. Schnittlauch waschen, trocken schütteln und in Röllchen schneiden.

2 Die Eier längs halbieren. Eigelbe herausheben und mit Kapern, Crème fraîche und Senf mit dem Pürierstab cremig verrühren, mit Salz, Pfeffer und Muskat abschmecken. Nach Bedarf noch etwas Kapernsud untermischen.

3 Die Creme in einen Gefrierbeutel füllen, eine Spitze abschneiden und in die Eihälften spritzen. Gefüllte Eier mit Schnittlauchröllchen bestreuen.

VARIANTE
Vegetarisch
wird es mit 150 g
getrockneten
Tomaten in
Würfeln.

Vickys Quiche

Wenn es bei uns Feste gibt, hilft jeder irgendwie mit. Schwiegertochter Vicky liefert Quiche blechweise … und Desserts! Natürlich gibt es bei der Quiche auch die Gemüsevarianten. Aber mal ehrlich: Die klassische Version ist immer zuerst weg.

———

Zubereitungszeit: 55 Min. | Backzeit: 35 Min. |

Pro Portion ca. 675 kcal, 33 g E, 48 g F, 27 g KH

Für 1 Backblech

2 Pck. Blätterteig aus der Kühltheke
2 Bund Frühlingszwiebeln
8 Eier
400 g saure Sahne (10 % Fett)
400 g Reibekäse
200 g Schinkenwürfel (roh)
Pfeffer
edelsüßes Paprikapulver

1 Ofen auf 180° vorheizen. Ein tiefes Backblech mit Backpapier auslegen. Den Blätterteig ausrollen und so auf das Blech legen, dass rundum ein 2 cm hoher Rand entsteht.

2 Frühlingszwiebeln waschen, putzen und mitsamt Grün in feine Ringe schneiden. Auf dem Teig verteilen. Eier und saure Sahne mit dem Schneebesen glatt rühren. Käse und Schinken unter den Guss ziehen und mit Pfeffer und Paprikapulver würzen.

3 Die Masse über den Frühlingszwiebeln verteilen und im Ofen (Mitte) ca. 35 Min. backen, bis die Füllung stockt und der Teig bräunt.

Feldsalat de luxe

Zubereitungszeit: 20 Min. | Pro Portion ca. 215 kcal, 3 g E, 20 g F, 4 g KH

Für 4 Personen

150 g Feldsalat
220 g eingelegte Palm-
   herzen (aus der Dose)
1 kleine reife Avocado
100 g Datteltomaten
2 Frühlingszwiebeln
1 EL Dijonsenf
1 EL Zitronensaft
2 EL Rapsöl
1–2 EL Kürbiskernöl
Salz
Pfeffer

1 Den Feldsalat waschen und putzen. Die Palmherzen abgießen, Sud auffangen. Herzen in 1,5 cm dicke Scheiben schneiden. Avocado halbieren und schälen, dabei den Stein entfernen. Die Hälften vierteln und quer in Scheiben schneiden. Mit 50 ml Palmherzensud mischen. Tomaten und Frühlingszwiebeln waschen. Tomaten halbieren, Frühlingszwiebeln putzen und in dünne Ringe schneiden.

2 Aus Senf, Zitronensaft, den beiden Ölen, Salz, Pfeffer und 2–3 EL Palmherzensud ein Dressing rühren. Feldsalat in einer weiten Schale anrichten, Palmherzen, Avocados und Tomaten darauf verteilen. Mit Dressing beträufeln und mit Frühlingszwiebeln bestreuen.

Rotkrautsalat oriental

—

Zubereitungszeit: 35 Min. | Pro Portion ca. 155 kcal, 2 g E, 8 g F, 19 g KH

Für 4 Personen
250 g Rotkohl
1 Bund Rucola
1 kleine rote Zwiebel
1 Granatapfel
3 EL Olivenöl
Salz
Pfeffer
1–2 EL Crema di balsamico
gemahlener Piment

1 Rotkohl waschen, äußere Blätter entfernen und den Kohl in der Küchenmaschine fein hobeln. Rucola waschen, trocken schleudern und mundgerecht zerzupfen. Die Zwiebel schälen und fein hacken.

2 Den Granatapfel quer halbieren. Aus einer Hälfte die Kerne drücken, beiseitelegen. Die andere Hälfte wie eine Orange auspressen, mit Öl, Salz und Pfeffer unter das Rotkraut ziehen. Mit Crema di balsamico und Piment abschmecken und das Rotkraut ein bisschen kneten. Rucola und Zwiebel unter das Rotkraut ziehen und mit Granatapfelkernen bestreut servieren.

Unser Kartoffelsalat

Den Kartoffelsalat meiner Kindheit machte meine Mutter mit selbst gerührter Mayonnaise an. Hier in Südbaden wird er mit Bouillon zubereitet – oder mit der Brühe des Schäufeles, das dazu gegessen wird. Am besten schmeckt er lauwarm.

———

Zubereitungszeit: 45 Min. | Pro Portion ca. 280 kcal, 5 g E, 17 g F, 26 g KH

Für 4 Personen
800 g festkochende
 Kartoffeln
1 Bund Frühlingszwiebeln
250 ml Gemüsebrühe
2 EL Dijonsenf
6 EL Rapsöl
2–3 EL Weißweinessig
Salz
Pfeffer

1 Die Kartoffeln gründlich waschen und mit Schale in wenig Wasser zum Kochen bringen. Je nach Größe in 30–40 Min. weich garen. Kalt abschrecken und pellen.

2 In der Zwischenzeit die Frühlingszwiebeln waschen, putzen und mitsamt Grün in dünne Ringe schneiden.

3 Die Gemüsebrühe erhitzen. Senf, Öl, Essig, Salz und Pfeffer mit einem Schneebesen unter die warme Brühe rühren. Die noch warmen Kartoffeln in dünnen Scheiben in die Brühe schneiden. Wenn sie alle Flüssigkeit aufgesogen haben, noch etwas Brühe dazugeben und nachwürzen. Zuletzt die Frühlingszwiebeln unterziehen und mit Essig, Salz und Pfeffer abschmecken.

TIPP
Wenn der Salat länger steht, noch etwas Brühe-Senf-Mix dazugeben und pikant abschmecken.

Couscoussalat

Anfangs brühte ich ihn noch heiß auf – aber das macht den Couscous nur matschig. Gerade, wenn man ihn länger vorbereitet, tut es auch kaltes Wasser. Das liegt wahrscheinlich an der Vorbehandlung: Meist ist er parboiled – wie übrigens in Nordafrika auch.

———

Zubereitungszeit: 20 Min. | Ziehzeit: 30 Min. | Pro Portion ca. 340 kcal, 10 g E, 14 g F, 42 g KH

Für 4 Personen
200 g Vollkorn-Couscous
  (Instant)
4–5 EL Olivenöl
Salz
2 Bio-Zitronen
1–2 Knoblauchzehen
1 Bund Frühlingszwiebeln
1 Bund Petersilie
1 rote Paprika
1 Salatgurke
Pul Biber

1 Couscous mit 2 EL Öl gut durchmischen. 300 ml Wasser und 1 TL Salz dazugeben. Die Zitronen heiß abwaschen und abtrocknen. Die Schale abreiben und den Saft auspressen. Saft und Schale unter den Couscous ziehen.

2 Knoblauch schälen und fein hacken. Die Frühlingszwiebeln waschen, putzen und in feine Ringe schneiden. Die Petersilie waschen, trocken schütteln und samt Stielen im Blitzhacker fein hacken. Die Paprika waschen, halbieren, weiße Trennwände und Kerne entfernen und in kleine Würfel schneiden. Die Gurke waschen, putzen, längs halbieren und quer in 1 cm dicke Scheiben schneiden.

3 Das vorbereitete Gemüse, die Petersilie und das übrige Öl unter den Couscous mischen. Kräftig mit Salz und Pul Biber abschmecken. Noch etwa 30 Min. kalt stellen. Ist der Salat trocken, noch etwas Wasser dazugeben.

Sie zergehen auf der Zunge – wenn sie lange genug schmoren. Also ausreichend Zeit einplanen, vor allem, wenn du für viele kochst!

Geschmorte Rinderbäckchen

—

Zubereitungszeit: 50 Min. | Schmorzeit: 4 Std. |
Pro Portion ca. 345 kcal, 42 g E, 10 g F, 10 g KH

Für 8 Personen
1 Bund Suppengemüse
1 Zwiebel
1 Knoblauchzehe
1 Zweig Rosmarin
1 Zweig Thymian
1,5 kg Rinderbäckchen
5 EL Mehl (Type 1050)
Salz
Pfeffer
50 g Butterschmalz
4 EL Tomatenmark
400 ml Rotwein
2 Lorbeerblätter
100 g Sahne

1 Gemüse waschen. Sellerie und Möhren schälen. In 1 cm kleine Stücke schneiden. Lauch längs halbieren, in 1 cm breite Scheiben schneiden. Zwiebel und Knoblauch schälen und hacken. Rosmarin und Thymian waschen und trocken schütteln. Den Backofen auf 200° vorheizen.

2 Die Rinderbäckchen im Mehl wenden, salzen und pfeffern. In einem Bräter das Butterschmalz erhitzen und das Fleisch darin kräftig von allen Seiten anbraten, bis es bräunt. Herausheben, Gemüse und Tomatenmark dazugeben und ebenfalls anrösten. Wenn es beginnt anzusetzen, das Fleisch wieder dazugeben und den Rotwein angießen. Lorbeer, Rosmarin, Thymian und 2 TL Salz dazugeben. Den Deckel auflegen und im Ofen (unten) 3 Std. schmoren. Jede Stunde wenden, nach Bedarf noch etwas heißes Wasser dazugeben.

3 Das Fleisch muss butterzart sein – sonst noch etwas länger im Ofen lassen. Das Fleisch herausheben, Lorbeer, Rosmarin und Thymian entfernen. Fond samt Gemüse und der Sahne sehr fein pürieren. Abschmecken.

4 Das Fleisch zerlegen und in der Sauce nochmals erhitzen. Dazu gibt es bei uns Spätzle aus dem Kühlregal – schmeckt auch mit Kartoffelstampf.

Ausnahmsweise eine Schlemmerei, die gesund ist: Wild enthält wenige, aber gute Fette, viel Eiweiß, Eisen und Zink. Und wenn man Freunde hat, die jagen, dann weiß man auch, wo es herkommt.

Rehkeule à l'orange

Zubereitungszeit: 30 Min. | Backzeit: 1 Std. 10 Min. | Pro Portion ca. 335 kcal, 61 g E, 9 g F, 3 g KH

Für 8 Personen
1 Rehkeule (ca. 3 kg)
4 Zweige Rosmarin
4 Zweige Thymian
2 Knoblauchzehen
2 Bio-Orangen
Salz
Pfeffer
4 EL Olivenöl

Außerdem:
Holzspießchen
Fleischthermometer

1 Die Knochen aus der Keule lösen, das Fleisch von Sehnen befreien. Den Ofen auf 250° vorheizen. Die Kräuter waschen und trocken schütteln. Den Knoblauch schälen und in Würfel schneiden. Orangen heiß abwaschen und abtrocknen. 1 Orange mit Schale in Spalten schneiden und mit der Hälfte von Rosmarin, Thymian und Knoblauch sowie Salz und Pfeffer in die Keule füllen. Mit Holzspießchen fixieren.

2 Die Schale der zweiten Orange abreiben. Von den übrigen Kräutern die Nadeln bzw. Blättchen abzupfen und hacken. Das Öl mit der abgeriebenen Schale, den gehackten Kräutern, Salz und Pfeffer mischen. Die Keule damit einpinseln und mit Orangenspalten belegen, bei Bedarf die zweite Orange in Spalten schneiden.

3 Die Keule in einen Bräter geben und offen in den heißen Ofen schieben. Nach etwa 10 Min. den Deckel auflegen, die Hitze auf 160° reduzieren und 1 Std. schmoren lassen. Wenn die Kerntemperatur 70° erreicht hat, den Ofen ausschalten und die Keule mindestens 5 Minuten nachziehen lassen. Anschließend aufschneiden.

TIPP
Dazu passt wunderbar eine Sauce aus Wildfond und als Beilage Polenta und Ofen-Rosenkohl.

Der Duft der Gans gehört für uns einfach zu Weihnachten. Ich habe sie immer im Bratbeutel gemacht – so bleibt sie schön saftig, man muss sich gar nicht um sie kümmern und der Ofen bleibt relativ sauber. Heute nehme ist meist den Bräter: Mit erwachsenen Kindern nimmt die Hektik ab – und ich habe inzwischen einen Ofen mit Pyrolyse.

Weihnachtsgans

———

Zubereitungszeit: 1 Std. 15 Min. | Garzeit: 4 Std. | Pro Portion ca. 1950 kcal, 89 g E, 170 g F, 15 g KH

Für 8 Personen
1 bratfertige Gans (5–6 kg)
Salz
weißer Pfeffer
1 ½ EL Ingwerpulver
800 g Rotkohl
2 kleine Kochäpfel (z. B. Boskop)
150 g Maronen (vorgekocht)
500 ml Gänsefond
1–2 EL Mehl

Außerdem:
Holzspießchen (oder Küchengarn)
Bratbeutel

1 Fettflomen aus der Gans nehmen und etwa 20 g fein hacken. Gans außen mit Salz und innen mit Salz, weißem Pfeffer und Ingwerpulver würzen.

2 Rotkohl waschen, putzen und in feine Streifen hobeln. Gehacktes Fett zerlassen, Rotkohl darin ca. 5 Min. andünsten. Mit Salz, weißem Pfeffer und übrigem Ingwerpulver würzen. Die Äpfel waschen, mit Schale vierteln und das Kerngehäuse entfernen. Mit Rotkohl und Maronen vermischen, salzen und pfeffern. Die Gans damit füllen, die Öffnung mit Spießen verschließen.

3 Die Gans in einen Bratbeutel stecken, beide Enden verschließen, Beutel einstecken und mit dem Rücken nach unten auf den kalten Rost setzen. Im Backofen (unten) bei 160° (Umluft, ohne Vorheizen) 4 Std. braten.

4 Bratbeutel entfernen. Bratensaft auffangen und entfetten. Die Gans tranchieren und die Teile mit der Hautseite nach oben auf ein Backblech legen. Mit gesalzenem Wasser einpinseln. Vor dem Servieren kurz unter den Grill schieben. Die Rotkohlfüllung abschmecken und warm stellen.

5 1 Tasse Gänsefond mit dem Mehl verrühren. Brat- und übrigen Gänsefond aufkochen, Mehlmix einrühren. Offen ca. 5 Min. köcheln lassen. Mit Salz und Pfeffer würzen. Die Gans mit Rotkohl und Sauce servieren.

Register von A-Z

Vegetarische und vegane Rezepte sind hier grün hervorgehoben.

A

Abstilltee: Tee für alle(s) 39
Amarant: Mein Mega-Müsli 15
Apfel
    Apfelmus 161
    Rüblibrot aus dem Glas 137
    Weihnachtsgans 185
Auberginen: Gegrillte Auberginen mit Hummus 119
Aufbau-Eis 159
Aufstrich
    Lachscreme 16
    Sesam-Streich 17
Avocado: Feldsalat de luxe 174

B

Banane: Schoko-Bananen-Blini 29
Beeren
    Birnen-Hirse-Porridge 40
    Mein Mega-Müsli 15
Belebender Tee: Tee für alle(s) 39
Beruhigungstee: Tee für alle(s) 39
Birne: Birnen-Hirse-Porridge 40
Bittersalat süß-sauer 45
Blätterteig: Vickys Quiche 173
Blitzlasagne 110
Blumenkohl
    Blumenkohlhirsotto mit Fisch 65
    Ofenröschen 11
Brei
    Blumenkohlhirsotto mit Fisch 65
    Kartoffelsamtsuppe und -brei 61
    Polenta mit Paprika-Erdnuss-Sauce 67
    Rahmgeschnetzeltes und Brei 63
    Würzige Klößchen mit grüner Sauce 73
Brot
    Brot im Topf 133
    Focaccia 139
    Naan 145
    Oliven-Gugelhupf 141
    Sauerteigbrot 135
    Schulbrote 83
Bunter Hefezopf 143

C

Cashewkerne
    Kartoffelsamtsuppe und -brei 61
    Linsen-Spinat-Curry 121
    Sesam-Streich 17
Champignons
    Pilzbuletten mit Pilzrahmsauce 89
    Pilzessenz 169
Couscous
    Couscoussalat 179
    Rahmgeschnetzeltes und Brei 63
Currywurst mit Flatbread 27

D/E

Dressing: Prep-Dressing-Konzentrat 21
Echtes ungarisches Gulasch 93
Eier
    Gefüllte Eier 171
    Graupenrisotto mit Limettensalsa 113
    Käse-Kürbis-Spätzle mit Lauch 125
    Kartoffelstampf mit Pilzschnitzeln 71
    Königsberger Klopse 95
    Oliven-Gugelhupf 141
    Paprikasch mit Wasserspatzen 91

Schoko-Bananen-Blini 29
Topfenpalatschinken süß & salzig 51
Vickys Quiche 173
Würzige Klößchen mit grüner Sauce 73
Eis: Aufbau-Eis 159
Entwässernder Tee: Tee für alle(s) 39
Erbsen: Würzige Klößchen mit grüner Sauce 73
Erdbeeren: Birnen-Hirse-Porridge 40
Erdnüsse: Polenta mit Paprika-Erdnuss-Sauce 67

F

Falafel mit Ajvarrahm 109
Feldsalat de luxe 174
Feta: Superbowl 19
Fisch
  Blumenkohlhirsotto mit Fisch 65
  Lachscreme 16
  Lachstatar 170
  Lieblingslachs 25
Flatbread: Currywurst mit Flatbread 27
Focaccia 139
Frau Micuccis Rösti 69

G

Gans: Weihnachtsgans 185
Geflügel
  Königsberger Klopse 95
  Paprikasch mit Wasserspatzen 91
  Seelensuppe 23
  Putenbrust mit Bouillonkartoffeln 157
  Rahmgeschnetzeltes und Brei 63
  Rübchenschnitzel mit Kartoffelgratin 87
  Weihnachtsgans 185
Gefüllte Eier 171
Gefüllter Kürbis 123

Gegrillte Auberginen mit Hummus 119
Geschmorte Rinderbäckchen 181
Gnocchi mit Veggie-Carbonara 115
Gorgonzola: Zoodles mit Gorgonzola 117
Granatapfel
  Ofenröschen 11
  Rotkrautsalat oriental 175
Graupen
  Graupenrisotto mit Limettensalsa 113
  Superbowl 19
Grieß: Seelensuppe 23
Grießnockerl: Seelensuppe 23
Grünkern: Würzige Klößchen mit grüner Sauce 73
Grünkohl: Superbowl 19
Gulasch, echtes, ungarisches 93
Gurke: Couscoussalat 179

H/J

Hackfleisch
  Königsberger Klopse 95
  Kohlrabi-Hackfleisch-Topf 47
  Pilzbuletten mit Pilzrahmsauce 89
Haferflocken: Mein Mega-Müsli 15
Hähnchenbrust
  Rahmgeschnetzeltes und Brei 63
  Rübchenschnitzel mit Kartoffelgratin 87
Hirse
  Birnen-Hirse-Porridge 40
  Blumenkohlhirsotto mit Fisch 65
Hummus: Gegrillte Auberginen mit Hummus 119
Joghurt
  Mein Mega-Müsli 15
  Frau Micuccis Rösti 69
  Ofenröschen mit Granatapfel-Joghurt-Dip 111

K

Kartoffeln

Frau Micuccis Rösti 69

Kartoffelsamtsuppe und -brei 61

Kartoffelstampf mit Pilzschnitzeln 71

Lachscreme 16

Lumpenblech mit Quark 85

Magenpflastersuppe 155

Putenbrust mit Bouillonkartoffeln 157

Rübchenschnitzel mit Kartoffelgratin 87

Schlosskartoffeln 97

Unser Kartoffelsalat 177

Käse-Kürbis-Spätzle mit Lauch 125

Kichererbsen

Falafel mit Ajvarrahm 109

Gegrillte Auberginen mit Hummus 119

Knusperwaffeln 153

Kohlrabi

Kohlrabi-Hackfleisch-Topf 47

Misosuppe 43

Kokosmilch: Thai-Gemüse-Curry 107

Königsberger Klopse 95

Kürbis

Gefüllter Kürbis 123

Käse-Kürbis-Spätzle mit Lauch 125

Kürbiscremesuppe 168

Kürbiskerne

Gefüllter Kürbis 123

Kürbiscremesuppe 168

Würzige Klößchen mit grüner Sauce 73

L

Lachs

Lachscreme 16

Lachstatar 170

Lieblingslachs 25

Lasagne: Blitzlasagne 110

Lauch

Kartoffelsamtsuppe und -brei 61

Käse-Kürbis-Spätzle mit Lauch 125

Königsberger Klopse 95

Prep-Tomatensauce 49

Seelensuppe 23

Lieblingslachs 25

Linsen-Spinat-Curry 121

Lumpenblech mit Quark 85

M

Magenpflastersuppe 155

Maisgrieß: Polenta mit Paprika-Erdnuss-Sauce 67

Mandeln

Birnen-Hirse-Porridge 40

Schoko-Bananen-Blini 29

Mango

Currywurst mit Flatbread 27

Topfenpalatschinken süß & salzig 51

Zitronen-Milchreis 41

Maronen: Weihnachtsgans 185

Mein Mega-Müsli 15

Mienudeln: Misosuppe 43

Misosuppe 43

Möhren

Gnocchi mit Veggie-Carbonara 115

Kartoffelstampf mit Pilzschnitzeln 71

Magenpflastersuppe 155

Misosuppe 43

Putenbrust mit Bouillonkartoffeln 157

Rahmgeschnetzeltes und Brei 63

Rübchenschnitzel mit Kartoffelgratin 87

Rüblibrot aus dem Glas 137

Thai-Gemüse-Curry 107

Müsli: Mein Mega-Müsli 15

N/O

Naan 145

Nudeln
  Misosuppe 43
  Zoodles mit Gorgonzola 117
Ofen-Röschen 11
Oliven-Gugelhupf 141
Orange
  Rehkeule à l'orange 183
  Rotkrautsalat oriental 175
  Superbowl 19

P

Pak Choi: Thai-Gemüse-Curry 107
Palmherzen: Feldsalat de luxe 174
Paprika
  Couscoussalat 179
  Currywurst mit Flatbread 27
  Lumpenblech mit Quark 85
  Polenta mit Paprika-Erdnuss-Sauce 67
  Rahmgeschnetzeltes und Brei 63
  Thai-Gemüse-Curry 107
  Tomatenreis 96
Paprikasch mit Wasserspatzen 91
Pastinake: Kartoffelsamtsuppe und -brei 61
Pflaumen: Bittersalat süß-sauer 45
Pilze
  Kartoffelstampf mit Pilzschnitzeln 71
  Pilzbuletten mit Pilzrahmsauce 89
  Pilzessenz 169
Polenta mit Paprika-Erdnuss-Sauce 67
Prep-Dressing-Konzentrat 21
Prep-Tomatensauce 49
Putenbrust mit Bouillonkartoffeln 157

Q/R

Quark
  Lumpenblech mit Quark 85
  Paprikasch mit Wasserspatzen 91
  Schoko-Bananen-Blini 29
  Topfenpalatschinken süß & salzig 51
Radicchio: Bittersalat süß-sauer 45
Rahmgeschnetzeltes und Brei 63
Rehkeule à l'orange 183
Reis
  Lieblingslachs 25
  Tomatenreis 96
  Zitronen-Milchreis 41
Rindfleisch
  Echtes ungarisches Gulasch 93
  Geschmorte Rinderbäckchen 181
Rosenkohl: Ofenröschen 11
Rösti: Frau Micuccis Rösti 69
Rotkohl
  Rotkrautsalat oriental 175
  Weihnachtsgans 185
Rübchenschnitzel mit Kartoffelgratin 87
Rüblibrot aus dem Glas 137
Rucola
  Bittersalat süß-sauer 45
  Rotkrautsalat oriental 175

S

Salat
  Bittersalat süß-sauer 45
  Couscoussalat 179
  Feldsalat de luxe 174
  Rotkrautsalat oriental 175
  Unser Kartoffelsalat 177
Sauerkraut: Superbowl 19
Sauerteigbrot 135
Schlosskartoffeln 97
Schoko-Bananen-Blini 29

Schulbrote 83

Seelensuppe 23

Sellerie

Misosuppe 43

Rahmgeschnetzeltes und Brei 63

Würzige Klößchen mit grüner Sauce 73

Sesam

Falafel mit Ajvarrahm 109

Gegrillte Auberginen mit Hummus 119

Kartoffelstampf mit Pilzschnitzeln 71

Mein Mega-Müsli 15

Rüblibrot aus dem Glas 137

Sesam-Streich 17

Spaghetti: Zoodles mit Gorgonzola 117

Spinat

Bittersalat süß-sauer 45

Lieblingslachs 25

Linsen-Spinat-Curry 121

Topfenpalatschinken süß & salzig 51

Staudensellerie

Misosuppe 43

Rahmgeschnetzeltes und Brei 63

Stilltee: Tee für alle(s) 39

Superbowl 19

Suppe

Seelensuppe 23

Kürbiscremesuppe 168

Magenpflastersuppe 155

Pilzessenz 169

Süßkartoffeln: Graupenrisotto mit Limettensalsa 113

T

Tahin

Falafel mit Ajvarrahm 109

Gegrillte Auberginen mit Hummus 119

Sesam-Streich 17

Tee für alle(s) 39

Thai-Gemüse-Curry 107

Tomaten

Feldsalat de luxe 174

Focaccia 139

Gnocchi mit Veggie-Carbonara 115

Prep-Tomatensauce 49

Tomatenreis 96

Topfenpalatschinken süß & salzig 51

U/V/W

Unser Kartoffelsalat 177

Vickys Quiche 173

Waffeln: Knusperwaffeln 153

Walnüsse

Mein Mega-Müsli 15

Prep-Tomatensauce 49

Wasserspatzen: Paprikasch mit Wasserspatzen 91

Weihnachtsgans 185

Würstchen: Currywurst mit Flatbread 27

Würzige Klößchen mit grüner Sauce 73

Z

Ziegenfrischkäse: Bittersalat süß-sauer 45

Zitronen-Milchreis 41

Zoodles mit Gorgonzola 117

Zucchini

Blitzlasagne 110

Focaccia 139

Frau Micuccis Rösti 69

Lumpenblech mit Quark 85

Oliven-Gugelhupf 141

Paprikasch mit Wasserspatzen 91

Zoodles mit Gorgonzola 117

Zwiebeln

Echtes ungarisches Gulasch 93

Paprikasch mit Wasserspatzen 91

APPETIT AUF MEHR?

LIEBE LESERINNEN UND LESER,

wir wollen Ihnen mit diesem Buch Informationen und Anregungen geben, um Ihnen das Leben zu erleichtern oder Sie zu inspirieren, Neues auszuprobieren. Wir achten bei der Erstellung unserer Bücher auf Aktualität und stellen höchste Ansprüche an Inhalt und Gestaltung. Alle Anleitungen und Rezepte werden von unseren Autoren, jeweils Experten auf ihren Gebieten, gewissenhaft erstellt und von unseren Redakteur*innen mit größter Sorgfalt ausgewählt und geprüft.

Haben wir Ihre Erwartungen erfüllt? Sind Sie mit diesem Buch und seinen Inhalten zufrieden? Wir freuen uns auf Ihre Rückmeldung. Und wir freuen uns, wenn Sie diesen Titel weiterempfehlen, in Ihrem Freundeskreis oder bei Ihrem Online-Kauf.

Sollten wir Ihre Erwartungen so gar nicht erfüllt haben, tauschen wir Ihnen Ihr Buch jederzeit gegen ein gleichwertiges zum gleichen oder ähnlichen Thema um.

KONTAKT ZUM LESERSERVICE

GRÄFE UND UNZER VERLAG
Grillparzerstraße 12
81675 München
www.gu.de

Impressum

© 2022 GRÄFE UND UNZER VERLAG GmbH, Postfach 860366,
81630 München

GU ist eine eingetragene Marke der GRÄFE UND UNZER VERLAG GmbH, www.gu.de

ISBN 978-3-8338-8284-5
1. Auflage 2022

Projektleitung: Monika Greiner
Lektorat: Margarethe Brunner
Korrektorat: Anne-Sophie Zähringer
Bildredaktion: Petra Ender
Umschlaggestaltung und Layout: ki36 Editorial Design, Sabine Krohberger, München
Fotografie: Coco Lang
Foodstyling: Michael Menzel
Herstellung: Susanne Fuhrmann
Satz: Longo AG, Bozen
Repro: Longo AG, Bozen
Druck & Bindung: aprinta GmbH, Wemding

GRÄFE UND UNZER

Ein Unternehmen der
GANSKE VERLAGSGRUPPE

Umwelthinweis:

Nachhaltigkeit ist uns sehr wichtig. Der Rohstoff Papier ist in der Buchproduktion hierfür von entscheidender Bedeutung. Daher ist dieses Buch auf PEFC-zertifiziertem Papier gedruckt. PEFC garantiert, dass ökologische, soziale und ökonomische Aspekte in der Verarbeitungskette unabhängig überwacht werden und lückenlos nachvollziehbar sind.

Die GU-Homepage finden Sie unter www.gu.de

Bildnachweis:

Barbara Bonisolli: Autorenportrait Cover
Paul Schirnhofer: Autorenportrait Klappe vorne, S. 2
Privatfotos Dagmar von Cramm: S. 4, 13, 35, 57, 59, 79, 81, 103, 105, 131, 167
Alamy Stock Photo: S. 8; Stocksy: U1, S. 8, 30, 98, 146, 162; Plainpicture: S. 126; Stockfood: S. 74; Adobe stock: S. 52; unbekannter Fotograf: S. 151; creativmarket: Rahmen und Herz-Icon; getty; U1 (Muster)
Coco Lang: alle anderen Fotos

Syndication:
www.seasons.agency

Die Autorin

Dagmar von Cramm ist eine gefragte Ernährungsexpertin. Sie publiziert sehr erfolgreich zu den Themen Gesundheit, Kochen und Ernährung.

Die Fotografin

Coco Lang fotografiert Food und Stills in ihrem Werkstattstudio direkt am Münchner Viktualienmarkt. www.cocolang.de